Franz Trautmann

Das Gleichen-Denkmal im Mariendom zu Erfurt

und Ernst III., der Zweibeweibte, Graf von Gleichen

Franz Trautmann

Das Gleichen-Denkmal im Mariendom zu Erfurt
und Ernst III., der Zweibeweibte, Graf von Gleichen

ISBN/EAN: 9783743671591

Hergestellt in Europa, USA, Kanada, Australien, Japan

Cover: Foto ©ninafisch / pixelio.de

Weitere Bücher finden Sie auf **www.hansebooks.com**

Das
GLEICHEN-DENKMAL
im Mariendom zu Erfurt

und

Ernst III., der Zweibeweibte,
Graf von Gleichen.

Drei kritisch-historische Betrachtungen,

zugeeignet dem verehrten historischen Verein zu Erfurt

von

Dr. Franz Trautmann.

Motto:
Principiis obsta.

Erfurt, 1866.
Verlag von Carl Villaret.

Allgemeines und unerlässliches Vorwort.

Als ich mich im Sommer des Jahres 1864 längere Zeit in Erfurt aufhielt, entsprach Se. Hw. Herr Domprobst Roche meinem Ansuchen, Abgüsse von jenen Häuptern veranstalten lassen zu dürfen, welche man, nebst den dazu gehörigen übrigen Gebeinen, Anno 1813 unter dem berühmten „Graf Gleichen-Grabmal" in der St. Peters Klosterkirche zu Erfurt gefunden und, nachdem sie viele Jahre im Besitz des Medizinal-Rathes und Professors der Anatomie Dr. Thilow gewesen waren, in den Dom Mariä zu Erfurt übernommen und von dieser Zeit bis in die neueste in demselben bewahrt hatte.

Der Grund meines Ansuchens war an und für sich und in erster Linie der, den Freunden der Geschichte und Sage, wenn je, aus irgend einer Veranlassung, die fraglichen merkwürdigen Reste altergrauer deutscher Vorzeit dem Auge entrückt würden, doch noch ein getreues Abbild, hier insbesondere der Häupter, zu bewahren.

Der weitere Zweck war, die Abgüsse an das Königl. Bayerische National-Museum, zur Einreihung in die Räumlichkeiten des 12. und beziehungsweise 13. Jahrhunderts zu vermitteln.

Der illüstre Gründer und Vorstand dieses Museums, Herr Reichs- und Geheime Rath Freiherr von Aretin, war über die Nachricht der oben erwähnten Zusage sehr erfreut, zugleich derselbe mir ansann, über den Stand der Sage und deren Vereinbarlichkeit mit einem wirklich realen Grund, ungeachtet mehrerer stattgehabten Ankämpfungsversuche, möglichst soliden Bericht und Nachweis abzugeben.

Wie voraussichtlich und gerecht dieses Ansinnen war, so wurde mir, offen gestanden, doch ziemlich bange. Nicht so fast deshalb, weil ich am Ende den Stoff nicht doch möglichst bewältigen könne, welcher besonders von Autoren früherer Zeit, theils durch nicht gehöriges Eingehen, theils durch schuldlos irriges Auffassen, theils durch absolutes Nichtwissen des real Geschichtlichen — besonders aber durch, wenn nicht absichtliche Verdrehungen, jedenfalls die Sucht, um jeden Preis geistreich und originell zu erscheinen, der Art verwirrt und unsicher gemacht wurde, dass man sich Seitens der späteren Historiker von Fach mählig der Meinung hingab: Mit dem „realen" Hintergrunde der Gleichensage sei völlig aufgeräumt, indem man früher gewiss alles Mögliche und historisch Dienliche in Betracht gezogen habe — weshalb man auch die Grundlagen der vorgebrachten Behauptungen und Negationen nicht mehr untersuchte — es sei demnach die Sage „an sich" ganz und gar aus der Gesichtsweite fernerer Untersuchung verwiesen, und es könne sich höchstens nur noch darum handeln, über die Entstehung des „Volks-Wahnes", welcher zu Erzählungen so viele Gelegenheit bot, nachzudenken.

In dieser Hinsicht glaube ich allerdings mit einiger Sicherheit mehrere neue und entscheidende Gesichtspunkte und Nachweise positiver und negativer, rationeller und quellenartiger Natur an den aufmerksamen Leser vermitteln und damit Ernst III. sein Recht, als Held der, mit realem Hintergrunde versehenen, Gleichensage dazustehen, in gerechter Weise zurückerobern zu können, so dass man künftig beim Hintritt zum merkwürdigen Denkmal im Marien-Dom zu Erfurt nicht mehr einem unlösbaren Räthsel zu nahen glauben dürfte, sondern dem sprechenden Kennzeichen eines wahren Vorfalles alter Zeiten.

Meine Besorgniss hatte ihren Grund vielmehr in der äusserst nahe liegenden Befürchtung, eine möglichst gründliche Behandlung möchte in der doch wieder wünschenswerthen Kürze des Traktates ein wesentliches Hinderniss der Darstellung finden.

Während ich mich nun gewiss gerne der Hoffnung hingeben möchte, nicht allzu weitschweifig verfahren zu sein, wo es doch — da ich für diesen Augenblick der letzt Kommende bin, welcher über die Gleichen-Angelegenheit schrieb — galt, die gesammte Summe früherer Meinungen und literärer Angaben pro et contra im Auge zu halten, das sich äusserst häufig andrängende Unwichtige rasch abzulehnen, das wahrhaft Entscheidende gehörig zu erfassen und zu würdigen und, ohne ausweichen zu können, einen ganzen Abschnitt ausschliesslich der Kritik unrichtig in Gebrauch genommener Quellen zu weihen — habe ich den Gründen, welche die folgenden drei Traktate veranlassten, noch zwei andere beizusetzen, welchen ich herzlich gerne Ausdruck verleihe.

Ich hielt es nämlich einmal für eine schöne Pflicht, so vieler, im lieben Erfurt genossenen Freundlichkeit von Seite dortig literärer und anderweitiger Notabilitäten Etwas entgegenzubieten.

Dann aber wollte ich, dessen historische Thätigkeit sich im Ganzen mehr auf die Geschichte und Sage der Vorzeit Bayerns bezieht, dem vielgeehrten „historischen Verein" von Erfurt den Beweis liefern, dass es unter uns deutschen Brüdern weiter im Süden des Gesammtvaterlandes auch Einen und den Anderen gebe, welcher jeder Zeit mit aufmerksamem Auge auf die reiche Geschichte und Sage des schönen Thüringens blicke — wie auf die, mehr oder minder vom Partei- und Wissensstandpunkt beeinflussten, Wandelungen der Geschichts-Auffassung und Schreibung — und auf die Gefahren der letzten Annahmen von That- oder Nichtthatsachen Seitens des nicht historischen Publikums, welches gar zu leicht nicht weiter untersucht, wenn früher ein muthwilliger Geist von zufällig scheinbarer Glaubwürdigkeit ein apodiktisches „so ist es und Alles Andere ist nicht wahr" aussprach.

Diese drei Momente wurden besonders bei der Gleichen-Sage geltend.

Weshalb es mir schien, es möchte dem verehrten Verein, unter dessen Mitgliedern sich gewiss gar Mancher befindet, welcher, unter entsprechendem Anlasse, die in Frage stehende Aufgabe wohl mit noch besserem Geschicke durchzuführen vermocht hätte, als ich — mindest nicht unwillkommen sein, wenn Gelegenheit einträte, sich über eine Sache, deren Interesse für ihn kaum einem Zweifel unterliegt, ein schliessliches Urtheil zu bilden, von welchem ich nur wünsche, es möchte dahin ausfallen:

Die Gleichensage habe — ungeachtet ein paar „scheinbar" wirksamer Ankämpfungen aus dem vorigen und dem Anfang dieses Jahrhunderts, und noch weit mehr, ungeachtet dass ein Autor, welcher, als der Letzte vor mir, im Jahr 1859 in erheblichem Maassstab über die Sage schrieb, sich nach „seinerseitiger" Gesammtbetrachtung der fraglichen Angelegenheit auch zu der besagten, unbegründeten Negation bekannte und hiermit vor der Welt die Akten für absolut geschlossen zu erklären schien —

eine effective, historische Basis und der Träger der Thatsache sei wirklich, wie er ursprünglich angegeben wurde, Ernst III., Graf von Gleichen.

Nach diesem sei in einigen Zügen näher angedeutet, was sich folgend, nach einander den Männern vom Fach und allgemein den Freunden der Geschichte darbieten will.

Der erste Abschnitt beschäftigt sich mit „Ernst III., Grafen von Gleichen, dessen Doppelehe und dem Gleichengrabmal" in dessen örtlicher, wie Veränderung an sich.

Es fällt hierbei der Blick auf den ersten Hauptfeind der Gleichensage, Dr. Placidus Muth, aus den achtziger Jahren des letzten Säculums, welcher, in Bewährung seines ungemeinen archäologischen Blickes, den Grabstein für einen Anderen, als den Grafen Ernst III., in Anspruch nahm — nämlich für den Grafen Sigmund I. von Gleichen und für dessen in „successiver" Ehe gehabte zwei Frauen.

Weiter kömmt in dieser ersten Abhandlung die Behauptung Crousa Chebre's aus dem Jahre 1847 in Betrachtung.

Dieser geehrte Autor stand geistreich und rühmenswerth tapfer gegen Dr. Muth ein und verfocht den „realen" Grund der Sage. Er stellte aber, statt des Grafen Ernst III., dessen älteren Bruder, Lambrecht II., als Sagenhelden und Träger des wirklich stattgehabten Erlebnisses auf. Dieser Aufstellung musste mit Macht begegnet werden, wie dem früheren Aufsteller des Sigmund I. zu begegnen war.

Der zweite Abschnitt, unter dem Titel: „Einzelnes zur Graf Gleichensage", enthält verschiedenes Entscheidende und Justificirende in näher eingehender Besprechung, als eine solche im Verlauf der ersten Abhandlung eintreten konnte, wenn der Verfasser nicht Gefahr laufen wollte, durch das Hereinziehen von zu Viel dem ungestörten Ueberblicke Eintrag zu thun.

Im Verlauf des „Einzelnes zur Gleichensage" aber, unter Nr. 6, war es, da ich, wie gesagt, gegenwärtig der Letzte bin, welcher die Gleichensage in kritische Betrachtung zieht, über alles Andere unumgänglich, ganz besonders auch auf das zu reflectiren und dem zu begegnen, was als „scheinbarer" Actenschluss im grossen Gleichenartikel der „Encyclopädie von Ersch und Gruber", 1859, I. Sect. 69 Th. von Herrn Dr. Hasemann niedergelegt wurde.

Insofern dieser geehrte Autor in seiner, diesseits nicht geläufigen, Anerkennung Früherer, welche die Realität der Gleichensage ableugneten und als Aushilfsmittel für das Bestehen der Tradition dem Grafen Sigmund I. den berühmten Grabstein vindicirten (Muth, Hellbach, Wolf) — auch die Realität nicht annimmt und den Grabstein auch mit Sigmund und dessen Frauen in Verbindung bringt, wäre der grosse Gleichen-Artikel eigentlich in dem hier nächstfolgenden ersten Abschnitte mit in Betrachtung zu ziehen gewesen.

Da der Artikel aber viel zu bedeutend ist, als dass er nicht zu einer besonderen Würdigung herausforderte, so wurde er nicht im folgenden ersten Abschnitt hereingezogen.

Und speciell deshalb nicht:

1. Weil es sich in dem folgenden ersten Abschnitte in der Hauptsache nur darum handelt, Crousa Chebre's Aufstellung **Lambrechts II.**, Bruders des Ernst III., zu beseitigen, und

2. weil Dr. Hasemann um so mehr zu einer genauesten Vornahme der einzelnen Absätze seiner Aufstellungen zwingt, als er — eben gleich als ob die Gleichensage schon beseitigt sei — immer nur auf die „Dichtung" reflectirt, nicht auf die „primitive Sage", aus welcher die „Dichtung" ausschmückend machte, was sie, ohne alle kritische Rücksicht, wollte — und als er einen „Entstehungsgrund" für den späteren „Glauben im Volk" und die „Dichtung" zu vermitteln unternahm, welcher, wie wahrhaft gewandt er sich so oder so dem Leser insinuiren will, doch nach diesseitiger, von triftigen Gründen unterstützter Ansicht unmöglich annehmbar erscheint.

Noch vor dem kritischen Eingehen auf den die „Sage" betreffenden Theil des Hasemann'schen Artikels — (die übrigen rein historischen Aufstellungen modificiren sich für jeden Geschichtskenner an und für sich von selbst aus diesseitiger Werthschätzung der Genealogie des Gleichengeschlechtes, wie sie Sagittarius aufstellt, während gegnerischer Seits mehr oder minder auf Wolf reflectirt wird) soll etwas darin Vorkommendes, auf Thilow's Bericht über die Ausgrabung der Gebeine unter dem Gleichendenkmal de Ao. 1813 etc. Bezügliche, seine specielle Erledigung zum Voraus finden.

Der dritte Abschnitt ist eine für sich bestehende reine Quellenarbeit im engsten Sinne des Wortes, welche ganz unbedingt durch die erste Abhandlung „über Ernst III., dessen Doppelehe und das Gleichengrabmal", vielmehr durch den darin liegenden Widerspruch geboten war, in welchen ich mit dem geehrten Verfasser des Gleichenartikels im „Archiv für Geschichte, Genealogie etc.", Crouse Chebre, gerathen musste. Da sich derselbe nämlich zum Zweck der Begründung seiner Meinung, dass Lambert II. der Sagenheld sei, in genealogischer Beziehung an die historischen oder vielmehr überall historisch sein wollenden Angaben Wolf's in dessen „Geschichte des Eichsfeldes" hielt — wodurch die von Sagittarius in dessen „Historie der Grafschaft Gleichen" aufgestellte und von meiner Seite stets als richtig anerkannte Genealogie als die nicht richtige erscheinen müsste — so war einfach nichts Anderes zu thun, als den „urkundlichen" Beweis zu führen, dass die vornehm kurz hingestellten Behauptungen Wolf's an und für sich und gegen Sagittarius in keiner Weise Stich halten.

Damit sollte auch endlich dem Letzteren — hier allerdings besonders die „einschlägige" Gleichenperiode im Auge behalten — wieder zu dem Ansehen verholfen werden, welches ihm scheinbar mit Erfolg streitig gemacht wurde, womit die naive Behauptung eigenen Besserwissens von Seite Wolf's in natürlichem Zusammenhange stand. Im Genusse dieses Ansehens konnte Letzter, wie vor ihm Muth, nur deshalb so lange unbehindert bleiben, weil unter den Männern von Fach Niemand darauf verfiel, einige Untersuchungen, und zwar gründlichere, über ihn anzustellen, als er dem Sagittarius hatte angedeihen lassen. Sei es, dass sich Niemand fand, weil man annahm, so vieler ruhigen Sicherheit Wolf's nicht Misstrauen entgegensetzen zu können, also die Sache für richtig und abgemacht hielt und den Blick auf andere historische Gegenstände warf; sei es, dass man überhaupt durch die, um die Zeit Wolf's, in den Neunziger Jahren des vorigen Saeculums hereinbrechenden politischen Ereignisse verhindert wurde, sich auf derlei, Ruhe erfordernde Arbeiten einzulassen und später nicht mehr darauf verfiel — wie immer, Wolf paradirte als besser, denn Sagittarius.

Deshalb musste endlich die Lanze für Letzteren eingelegt werden, und der Umstand, dass Crousa Chebre — welcher bei näherer Betrachtnahme und Vergleichung der „Geschichte des Eichsfeldes" und der „Historia der Grafschaft Gleichen" gewiss dem Wolf das Vertrauen entzogen und ihn wahrscheinlich selbst bekämpft hätte — das Gleiche gilt von Hasemann — sich auf Wolf bezog, gab dazu die beste Veranlassung.

Was die hier folgende erste Abhandlung betrifft, deren Vortrag, implicite die Hauptmomente der genannten kritischen dritten Arbeit, der verdienstreiche Vorstand des historischen Vereines von Erfurt, Herr Oberregierungs-Rath v. Tettau, an meiner Statt zu übernehmen die grosse Güte hatte, so habe ich Demselben für diese Mühewaltung gewiss meinen innigsten Dank auszusprechen.

Schliesslich die Bitte, es möge der Leser den einen oder anderen sich etwa einschleichenden Druckverstoss zu Gute halten, da sowohl in der Zeit, als Entfernung des Druckortes ein Hinderniss lag, die Revision von hieraus selbst besorgen zu können.

München, im März 1865.

Der Verfasser.

Erster Abschnitt.

Von Ernst III., Grafen von Gleichen, dessen Doppelehe und dem Gleichen-Grabmal
im Mariendom zu Erfurt.

Es ist uns Allen bekannt, welche merkenswerthe Sage sich an Einen der Grafen von Gleichen knüpft, nämlich — unter Hinweglassung alles poetischen Schmuckes — diese:
„Dass ihm, nachdem er sich einem Kreuzzuge angeschlossen hatte, im Orient später das Schicksal zu Theil wurde, in Gefangenschaft und als Sklave in die Gewalt eines Sultans, oder sonstigen sarazenischen oder türkischen Grossen zu gerathen; dass er dann von der Tochter desselben geliebt und befreit ward, auf das eidliche Versprechen hin, sie zur Gemahlin zu nehmen, wozu er die Genehmigung von Seite des Pabstes zu gewinnen hoffte, deren er benöthigt war, weil er schon eine (deutsche) Gemahlin hatte; dass er mit seiner Befreierin nach Rom ging, wo sich diese zum christlichen Glauben bekehrte; dass er den fraglichen „Dispens" (resp. „Zulassung" der gewünschten neuen Verbindung) erhielt und, als er nach Thüringen zurückkam, die erste, über seine Rettung und Rückkehr hocherfreute deutsche Gemahlin bereit fand, der Ausführung seines Eides nichts in den Weg zu legen, so dass er die mit ihm angekommene Sarazenin oder Türkin zur zweiten Frau neben seiner deutschen ersten nahm und auf weiterhin in einer glücklichen Doppelehe lebte, bis die zwei Frauen kurze Zeit nach einander starben — zuerst, und zwar ohne Hinterlassung von Kindern, die zweite — worauf er dann noch längere Jahre lebte und nach seinem Tode in dasselbe Grab gelegt wurde, in welchem er seine Gemahlinnen früher hatte beerdigen lassen."

Als Denkmal dieses, überwiegend von der Sage und chronikalen Aufzeichnung, Ernst III. genannten Grafen und seiner zwei

„gleichzeitigen" Frauen galt im ganzen Mittelalter bis weiter und in die neueren Zeiten hinauf der Denkstein, welcher früher in der Kirche des St. Petersklosters zu Erfurt zu sehen war, und man nahm natürlich an, dass Jene, welchen der Denkstein errichtet ward, auch an Ort und Stelle begraben seien, bis sich, in den achtziger Jahren des vorigen Jahrhunderts, der, später letzte, Prälat des St. Petersklosters bemüssigt fand, eine lateinische Schrift herauszugeben, in welcher er alle Realität der Sage vom Grafen Ernst III. in das Gebiet der Fabel verweisen und das Grab für den Grafen Sigmund I. von Gleichen vindiciren wollte, welcher in „successiver" Ehe zwei Frauen gehabt hat.

Wir werden später auf die Disquisitio historico-critica des Dr. Muth und seine Secundanten kommen, unterbrechen uns jetzt nicht in Hinblick auf Monument und Grab, wie deren spätere Inangriffnahme, und erlauben uns zur Verdeutlichung des Grundes der letzten einen Rückblick auf die politischen Verhältnisse.

Hatte die Stadt Erfurt bald nach dem 30jährigen Krieg ihre Selbstständigkeit mit der gänzlichen Unterwerfung unter das Churfürstenthum Mainz vertauschen müssen, so wurde sie in Folge des Friedens von Luneville und der bei demselben tractirten Entschädigungsansprüche von Mainz getrennt und dem Königreich Preussen einverleibt.

Dies geschah thatsächlich Ao. 1802.

Eine Menge bedeutender Veränderungen fanden nun zu Erfurt statt, und, hier einschlägig, wird bemerkt, dass im folgenden Jahre, gleichwie ein paar andere Klöster, auch das Peterskloster aufgehoben wurde.

Ein paar Jahre nach der Besitznahme der Stadt durch Preussen, Ao. 1806, kam es zwischen den Deutschen und Franzosen bei Auerstädt und Jena zur Schlacht. Die Preussen unterlagen leider, und die Franzosen bemächtigten sich Erfurts. Die Schilderung des Geschickes der Stadt unter der fremden Herrschaft werde übergangen, und wir wenden uns zum Jahr 1813, gegen dessen Schluss der Kampf der Preussen mit den Franzosen um Erfurt statt fand.

In Folge des Bombardements verbrannten am 6. November 121 Häuser — und auf dem Petersberge das Kloster. Unsägliche Drangsale gesellten sich dazu, bis sich der französische Commandant, welcher auf seinerseitig nachhaltigen Widerstand nicht mehr rechnen konnte, mit dem Besitz einiger Theile Erfurts — unter denselben der Petersberg — begnügte und die übrige Stadt den Preussen einräumte, worauf es noch gar manche Unannehmlichkeiten gab, bis am 6. Januar 1814 Kleist von Nollendorf ganz Erfurt besetzte.

Während nun das säcularisirte Peterskloster mindest noch in seinen Gebäulichkeiten vorhanden, aber schon Mancher dafür im Ganzen und in Hinsicht auf einzelne Gegenstände aus guten Gründen besorgt war, richtete sich um Einiges vor der Besetzung, und als jenes Bombardement schon drohte, die Aufmerksamkeit auch besonders auf das Denkmal des Grafen von Gleichen mit seinen zwei Frauen.

Zudem wurde den Franzosen von irgend einer Seite beigebracht, es möchte sich im Gleichengrabe ein goldenes Stirnband oder eine goldene Krone finden, welche der zweiten Gemahlin des Ernst III. bei ihrem Begräbniss auf das Haupt gesetzt worden sei.

Kurz, nach Verschiedenem von Seite der französischen Commandantschaft und von Seite Erfurts, welches auf die Erhaltung des Denkmals bedacht war, wurde beschlossen: Den Gleichenstein, welchen man, nebenbei gesagt, Anfangs des vorigen Jahrhunderts von der Wand genommen, auf das Grab gelegt und mit einer Thüre an einer, noch früher um ihn gesetzten, Brettereinfassung versehen hatte, wegzurücken, ihn folgend, wie auch geschah, aus der Klosterkirche ganz zu entfernen und in den Marien-Dom übersetzen zu lassen.

Der nächste Zweck war aber, den Inhalt des Grabes zu prüfen, wozu der Regierungsrath und Amtshauptmann v. Faber den Auftrag erhielt.

Dieser fand die Gebeine und Häupter von zwei Frauen, und als weiters der Medizinalrath und Professor der Anatomie, Thilow, mit beigezogen wurde, fand derselbe etwas tiefer sämmtliche Reste des an Ort und Stelle begrabenen Grafen.

Hiermit war nicht nur hergestellt, dass Jene, welchen das Grabmal bestimmt war, bis zur Stunde noch an, vielmehr seit genannten Zeiten direkt unter demselben gelegen seien, sondern besonders zur unabweislichen Ansicht gebracht, dass man die Gebeine Ernst III. von Gleichen und die seiner zwei Gemahlinnen gefunden habe, indem der, auch als trefflicher Osteologe rühmlichst bekannte, Medizinalrath Dr. Thilow, welcher sämmtliche Reste ordnete und das Skelett des Grafen später völlig zusammensetzte, den ganzen Fund vom wissenschaftlichen Standpunkte aus auf das gewissenhafteste prüfte und in Betreff des einen weiblichen Kopfes auf das bestimmteste das Urtheil aussprach, welchem sich auch andere beigezogene Kenner anschlossen: Er biete alle Gründe dar, um für das Haupt einer Türkin gehalten werden zu müssen.

Diese Gebeine blieben Jahre lang im Besitz Thilows, bis sie in einer sargartigen Kiste dem Grabstein in den Dom folgten, wo man sie hinter und beziehungsweise unter dem Hochaltar bewahrte, ohne Frage der besten Absicht, sie vor Verkommen und Profanirung zu schützen, als Zeugen einer merkwürdigen Vergangenheit und, wir fügen bei, der Realität einer der hervorragendsten Sagen deutscher Lande.

Die Absicht, besagte Gebeine zu erhalten, war die beste.

Indessen, Ao. 1813 flg. oft gesehen und berührt und, ungeachtet wohl aller Aufsicht, von dem und jenem Touristen geplündert, ist das Rippengebäude des Grafen nicht mehr consistent und auch nicht mehr ganz in seinen einzelnen Theilen vorhanden; wohl aber alles Uebrige; nur will Betreffs des gräflichen Hauptes bemerkt werden, dass sich die Raublust auch auf die Zähne des Grafen erstreckte. Denn von der von Thilow speciell angegebenen Zahl finden sich nur wenige mehr vor; alle Merkmale aber, welche er angab, finden sich am Ober- und Unterkiefer so genau vor, dass man sogar sagen kann, welche Zähne bei Lebzeiten da waren, Ao. 1813, als circa 600 Jahr nach des Grafen Tod befunden wurden und welche seitdem verschwanden. Die Maase, welche Thilow in Betreff des Grafenhauptes angab, bestätigten sich bei der neu vorgenommenen Messung auf das Genaueste und um so sicherer, als Schreiber dieser Zeilen den Messenden, Herrn v. Hagen jun., absichtlich, die Schrift Thilow's in der Hand, irre zu führen suchte und Maase eines anderen grossen Mannes angab, mit welchem Thilow den Grafen und insbesondere das Haupt desselben in allen Beziehungen in Vergleich brachte.

Dies wird erwähnt, um alle leisesten Zweifel hinsichtlich der Identität des jetzt vorhandenen Skelettes mit jenem von Thilow gemessenen hinwegzuräumen.

Es sei nebenbei bemerkt, dass sich auf dem Schädel des gräflichen Hauptes die Spur eines leichten Schwertstreiches findet, welche Thilow nicht erwähnte. Die Linie für eine vorgefallene Verletzung des Schädels bei der Ausgrabung zu halten, dürfte nicht gangbar sein, da, wie aus der Mittheilung über die Ausgrabung hervorgeht, alle Vorsicht obwaltete. Es kann wohl sein, dass Thilow den Streich bemerkte, aber, ganz etwas Anderes im Auge habend, keinen Werth darauf legte.

Die Schädel der zwei Frauen anlangend, so sind sie, tapfer beraubt, bis zur Hälfte von unten herauf demolirt, und ist theilweise gar nichts mehr von dieser unteren Partie vorhanden, theilweise nur Einiges, etwa vom Unterkiefer.

Was die Maase etc. betrifft, so stimmen sie auch bei den Häuptern der Frauen vollkommen mit den von Thilow gegebenen überein — vor Allem auch constatirt sich die Charakteristik der Türkin an dem einen weiblichen Haupte vollkommen so, wie Thilow kennzeichnete.

Dass die Gebeine der drei Personen nach ihrer Uebertragung aus der Kirche des St. Petersklosters zu Füssen des Gleichensteines im Dom vor einiger Zeit wieder beigesetzt worden seien, ist eine, wie mehrfach gehegte, irrthümliche Annahme des Autors, mit welchem wir uns weiterhin zuerst einverständlich, dann gegnerisch zu beschäftigen haben; irrthümlich — denn ungeachtet des Mandates von 1832 (nicht 1835, wie derselbe schrieb) sind sie noch über der Erde, identisch mit denen, welche Thilow auf das Genaueste beschrieb, und Schreiber dieser Zeilen noch vor kurzer Zeit in der Sakristei des Domes sah, wohin sie, beim Vorrücken der Restauration bis zum Chor, verbracht wurden.

Es wurde bisher auf die Namen des in Frage stehenden Grafen von Gleichen nicht kritisch, und auf die seiner zwei Frauen gar nicht eingegangen.

Traditionell wurde die Eine eine Gräfin von **Kefernburg**, **Henneberg**, mehrfach eine Gräfin von **Orlamünde**. und zwar chronikal genannt.

Die Sarazenin wurde überwiegend Melechsala genannt.

Der Graf von Gleichen selbst, Sohn des Grafen Erwin IV., wie gesagt, überwiegend Ernst III. und nur selten Ludwig.

Dass dieser letzte Name eine reine Willkür und Unkenntniss zum Grund hatte, ist daraus klar, dass der Name Ludwig beim Geschlechte der Grafen von Gleichen vor dem XV. Jahrhundert (Ludwig † 1461) nicht vorkömmt und mit den in Frage kommenden

Kreuzzügen gar nichts zu schaffen hat. Vielleicht zog man in Geschichtsunkenntniss und halb und halb, aber nicht recht gehört habend, die Namen zweier Landgrafen Ludwig von Thüringen, welche bei den Kreuzzügen wirklich ins Spiel kamen, herein.

Zu unserem Grafen von Gleichen uns näher wendend, so wurde er für zwei Kreuzzüge in Anspruch genommen.

1) Die eine Anahme war: Er sei mit Kaiser Friedrich Barbarossa im Jahre 1188, beziehungsweise 1189, nach Palästina gezogen, im Jahre 1227 aber, einer vormals auf dem Denkmal befindlich gewesenen Zahl zufolge, in eben diesem Jahre auf der Burg Gleichen gestorben und in der Kirche des Petriklosters begraben worden.

2) Die andere Annahme war: Diese Zahl bedeute den Abgang des Grafen nach Palästina mit dem Kreuzzug von Ao. 1227 zur Zeit Kaiser Friedrich II., so dass er erst viel später und, wie mehrfach angegeben wurde, im Jahre 1264 gestorben sei.

Was von beiden das Richtige ist, wird seiner Zeit in Besprechung kommen.

Gleichviel, dass sich diese beiden Annahmen entgegenstanden (vielmehr sich im Auge des wirklichen Geschichtsbetrachters höchst folgereich entgegenstehen); der Sage und der Möglichkeit und hohen Wahrscheinlichkeit ihrer Realität wurde dadurch nie etwas benommen.

Man nannte den Sagenträger im Volksmund Ernst III. von Gleichen, die chronicale Notiz nannte ihn eben so, man schrieb ihm fortwährend zu seiner ersten Gemahlin eine „gleichzeitige" zweite zu, eine Sarazenin, oder Türkin, und nahm an, dass sie wohl bei einander im Grabe unter dem grossen Gleichenstein in der St. Peters-Klosterkirche lägen.

So bestand, wie gesagt, Grabmal und Grab, bis es — jetzt blicken wir wieder in die achtziger Jahre des vorigen Säculums zurück — jenem, früher schon genannten, später letzten, Prälaten des Erfurter Petersklosters, Dr. Placidus Muth, zu Sinn kam, Alles von Jovius, Olearius, Bayle, sonderlich auch Dresserus, Hontorf, Sagittarius und Anderen, in grösserem oder kleinerem Umfange und wohl mit Rücksicht auf Zeit und Ortsverhältnisse Gesagte gänzlich zu desavouiren: primitiv der Wucht der vielhundertjährigen, durch so Vieles positiv unterstützten und besonders durch, den gar wohl leicht zu begründenden, Ausschluss aller anderen

Möglichkeiten aufrecht zu haltenden (realen) Sage allen Werth nehmen zu wollen — und zu diesem Zweck die Aufzeichnungen des Nicolaus von Sighen aus dem XV. Jahrhundert zu verdächtigen, oder, wenn man sich anders ausdrücken will, ihm zu unterlegen:

Er, der Chronist, von welchem die älteste (aber n. b. älteste, uns „bekannt" gebliebene) Aufschreibung der Gleichensage herrührt, habe auf dieselbe gar nichts gegeben, wenn sie etwa zu seiner Zeit schon existirte, jedenfalls sie nicht erwähnt, oder überhaupt gar nichts von ihr gewusst.

Somit schob Dr. Muth die Gleichensage völlig in das Gebiet der Fabelei.

Es wäre bei vorgenommener, treuester Vergleichung der auf die fragliche Sache bezüglichen Quellen dem Schreiber dieser Zeilen ein Leichtes, die Schrift des Placidus Muth in ihren Verdrehungen, unmotivirten Schlüssen, Auslassungen und willkürlichen, der Geschichtsmöglichkeit widersprechenden Angaben von Wort zu Wort zu widerlegen; somit, wenn sonst noch nöthig, die Sage wieder aus dem Gebiete der reinen Fabel in das einer inneren Begründung zu restituiren; wobei es besonders dienlich wäre, zugleich Hellbach, dessen bald nähere Meldung gethan wird, zu widerlegen, insofern dieser Autor sich für Dr. Placidus Muth aussprach — und dessen Zugeständnisse überall zu acceptiren, insoferne derselbe selbst gegen Placidus Muth Partei ergreift.

Es kann aber eine detaillirte Widerlegung Muth's und beziehungsweise Restitutio in Integrum der Gleichensage unterbleiben, da sich einfach auf

J. A. Crousa Chebre

zu beziehen ist, welcher 1847 im „Archiv für Geschichte, Genealogie, Diplomatik und verwandte Fächer", Stuttgart, Verlag der J. F. Cast'schen Buchhandlung, jene famose „Disquisitio historicocritica in bigamiam comitis de Gleichen" des Dr. Placidus Muth mindest in einer ihrer zwei Hauptaufgaben mit erbarmungsloser Gerechtigkeit in ihr wahres Licht stellte, wodurch alle Haupteinwürfe Muth's gegen die „reale" Beschaffenheit der ohnehin schon durch den Fund von 1813 in Integrum restituirten Sage fallen — Haupteinwürfe, namentlich insofern sie aus der „angeblichen" Nichtbetonung der Sage in Nicolaus von Sighen herrühren.

Uebrigens äusserte sich schon die Thuringia 1842 in mehrfachem Betreffe hinlänglich über die sonderbare Logik des Dr. Placidus Muth.

Wie nun Crousa Chebre den Letztgenannten ins Gedränge bringt, so wenig nützlich waren dem Dr. Muth schon früher die ihn gewissermassen vertheidigenden Schriften des vorhingenannten, Schwarzburg-rudolstädtschen Rathes J. Chr. Hellbach, nämlich dessen „Archiv für die Geographie, Geschichte und Statistik der Grafschaft Gleichen" 1805 — und dessen „historische Nachrichten von den thüringischen Bergschlössern Gleichen, Mühlberg und Wachsenburg" 1802.

Abgesehen nämlich davon, dass sich Hellbach in Betreff des Grafen „Gleichen" selbst widerspricht, widerspricht er, welcher für Dr. Placidus Muth, namentlich in Betreff des Grafen Sigmund, einstand, demselben so vielfach mit Angaben von Schriften und Theorien, z. B. über die Möglichkeit der Bigamie vom katholischen Standpunkte aus — (man sehe nur in den „Bergschlössern" S. 159 und 167, wo von der Möglichkeit des päpstlichen Dispenses und vom Corpus juris Canonici die Rede ist, und die Angaben Falkenstein's und Muth's durch die Kirchenliteratur contrarisirt werden) — dass von der Muth'schen Behauptung, eine Doppelehe sei unmöglich gestattet worden, und der Annahme, es sei, wenn denn Etwas möglich gewesen wäre, doch nur ein Concubinat eingetreten — nahezu gar nichts übrig bleibt.

Wie denn Hellbach auch am Schlusse S. 174 des Buchs über die Bergschlösser, insoweit er sich bis dahin mit Gleichen beschäftigt, von seinem Gewissen gedrückt, sagt:

„Schliesslich ist meine Meinung, dass freilich bei dieser Geschichte noch viel Dunkel herrsche, dass aber auch viel Wahres zu Grunde liege, und solche wegen der dagegen gemachten Zweifel wohl nicht völlig zur Fabel gemacht werden könne."

Eine unglücklichere Vertheidigung hätte demnach Dr. Placidus Muth wohl nicht finden können, und Crousa Chebre giebt ihm in breiten Zügen den Rest, wie er ihm auch in vielem Einzelnen nachgeht.

Vor Allem schlägt er ihn aber, schärfer bezeichnet, unter allseitigen Nachweisen in Hinsicht auf die Behauptung, dass die Entstehung der Sage nicht über die Mitte des XVII. Jahrhunderts hinauf reiche — und in Hinsicht auf die noch kühnere, die Erzählung der Gleichensage in der Original-Chronik des Niclas von Sighen (starb 1495) sei erst zweihundert Jahre später eingeschrieben worden. (V. Archiv für Geschichte, Genealogie etc. S. 293 flg.)

Unsererseits ist nur noch Eines beizufügen, nämlich:

Selbst wenn im achten Sighen'schen Exemplar eine solche spätere Einschreibung in die, von Sighen etwa wirklich freigelassene Stelle (wie nicht) geschehen wäre, so bewiese eben jene Freilassung der Stelle nur: Dass Sighen die Sage kannte, aber noch Anstand nahm, sie einzusetzen — sei es, weil er noch nachforschen wollte, oder noch mehr aus zeitlicher Rücksicht auf den jeweiligen Abt. Gewiss, wenn er nichts von der Sage gewusst hätte, wäre nicht gerade da ein leerer Raum geblieben; Sighen wäre eben einfach im Schreiben da fortgefahren, wo ihm irgend ein späterer Abschreiber, der sich etwa an keine Rücksichten band und also inzwischen die „gang und gäbe" Sage seinem Text einverleibt hätte, auch wieder gefolgt wäre — ja Sighen schiene (unter Voraussetzung der wirklich zugelassenen Lücke in seiner Chronik) sogar ziemlich von einiger realen Beschaffenheit der Sage überzeugt gewesen zu sein, anderen Falles er wahrscheinlich ausgesprochen haben würde, es sei an ihr nichts Wahres.

So, wenn das Sighen'sche Exemplar wirklich eine Lücke gehabt hätte.

Es ist aber dafür nirgend der geringste Beweis geliefert. Sighen schrieb auf, was und so viel er wusste, und sein oberes Regiment scheint, da einmal die Sage lange ging, augenblicklich nachsichtiger gewesen zu sein, als das zu der Zeit war, da es, in anderen Beziehungen auf Ernst, galt, Mittheilungen zu perennisiren!

Worauf wir aber erst in Nr. 2 des II. Abschnittes „Einzelnes" kommen werden.

Wie nun nicht erwiesen ist, dass Sighen im Original eine Lücke liess, eben so wenig ist erwiesen, dass eine Einschreibung im XVII. Jahrhundert stattfand, welche freilich eine Lücke vorausgesetzt hätte.

Somit ist auch nicht der leiseste Grund da, nicht anzunehmen, dass die Aufschreibung der Sage (nominatissima historia) schon im XV. Jahrhundert stattfand. Sie wurde da aufgeschrieben (wenn auch, wie sich später zeigen wird, ohne Critik der Zeit des „Vorfalles") — und musste, wie auch das „nominatissima" beweist, schon lange bestanden haben, mindestens mündlich.

Es ist aber gar nicht abzusehen, weshalb nicht schon vor Nicolaus von Sighens Zeiten Aufschreibungen stattgefunden haben sollten, sei es von Seite der Gleichenfamilie oder anderweitig.

Diese Notizen gingen eben verloren, wie gar Vieles, oder sie gingen anders zu Grunde, durch Brände, wie zu Blankenhayn, Kranichfeld u. s. w., wobei nachweislich gerade die ältesten Gleichen-Urkunden vom Feuer verzehrt wurden.

So mag es auch mit der päpstlichen Zulassungs-Urkunde beschaffen sein.

Dass aber solche Vergewisserungen der Doppelehe zu historischen Gunsten der Wirklichkeit des „sagenhaften" Ereignisses existirt haben, geht nach unserer Ansicht schlagend daraus hervor: Dass keine Tradition im Munde des Volkes ging und geht, und dass keine Urkunde (weil man nur stets Urkunden will) vorliegt, auch keine Nachricht da ist, dass eine je vorlag — laut welchen je ein Mitglied des Graf Gleichengeschlechtes gegen die Realität der Sage und in specie gegen das bigamische Verhältniss des Ernst III. protestirt habe.

Es sei dabei zum Ueberfluss zu bedenken gegeben, dass eben die Gleichen „überwiegend" eine besondere Treue für die Kirche und ihre Bestimmungen bewährten, dass sie wohl wissen konnten, wie das bigamische Verhältniss in Frage nicht den Wünschen der je späteren Curie und der Geistlichkeit überhaupt und speciell des Thüringer Clerus entspreche; dass sie also schon deshalb allein so früh als möglich eine für diesen Stand tröstliche Aufklärung gegeben hätten, wenn ihnen dieselbe möglich geworden wäre. Und wenn eine solche Erklärung gegeben worden wäre, ist es eine Frage, dass man von Seiten der Kirchenvorsteher des St. Petersklosters nicht Akt genommen hätte? Läse man nichts im Sampetrinum? Doch wir werden darüber speciell in Nr. 2 des II. Abschnittes, betitelt „Einzelnes", zu sprechen kommen.

Betrachten wir noch ein paar Calcule des Dr. Placidus Muth.

So meint er unter Anderem, indem er den „Grafen von Gleichen der Sage" im Auge hat und an die früher auf dem Denkmal gewesene Jahreszahl 1227 anbindet, in welchem Jahr nach der einen Angabe der Abzug des Grafen Ernst III. mit Kaiser Friedrich II. statt gehabt haben sollte:

„An. 1227 habe Kaiser Friedrich II. in Palästina nichts unternommen, sondern sei zurückgekehrt — also müsse doch der fragliche Graf von Gleichen auch zurückgekehrt sein."
Diese Muth'sche Logik bedarf wohl keiner näheren Beleuchtung. Weiteres meint Muth:
„Kaiser Friedrich II. habe auch Ao. 1228 und Ao. 1229 nichts Grosses in Palästina unternommen, also könne der Graf auch nicht (im Gefecht) gefangen worden sein."
Im Grossen — —! Nun denn, Kaiser Friedrich II. gab selbst im Jahre 1229 Bericht an die Reichsstände, dass ein Feldzug stattgehabt habe (Leibnitz Mant. Cod. j. gent. dipl. 245), also konnte der, schon An. 1227 zurückgebliebene Graf von Gleichen bei Gelegenheit eines Gefechtes gefangen worden sein — aber ebensowohl vor der wiederholt eröffneten Kreuzfahrt 1228 und 29 bei einem, wie die Sage angab, Ritt oder bei einer Wanderung in die oder jene Richtung des Landes hin. Und dies Letztere wäre um so sicherer anzunehmen, eben weil Kaiser Friedrich der Gefangennehmung eines Grafen Gleichen An. 1229 keine Erwähnung thut. Er konnte aber überhaupt keine Erwähnung thun, weder von 1227, noch auch 1228 und 29, weil sich später herausstellen wird, dass ein in Frage stehender Gleichen nicht dem Kreuzzug Kaiser Friedrich's II. folgte, sondern dem des Kaisers Friedrich Barbarossa von 1188.

Die nähere Beleuchtung vielfach anderer unlogischer Calcule des Dr. Muth ist überflüssig, insoferne sie sich bis da auf historischem Felde bewegen und speciell mit dem Grafen von Gleichen, als solchem, zu schaffen haben, und es sei augenblicklich nur Folgendes berührt.

Muth verachtet alle Bedeutung der Oertlichkeits-Namen an der Burg Gleichen, welche mit der ganzen Sache von frühester Tradition an in unläugbarem (resp. nicht zu widerlegendem) Zusammenhange stehen, worüber ihn Crousa Chebre zurechtweist und widerlegt — desgleichen entwerthet oder verwirrt Muth jene merkwürdigen Gegenstände, oft von hohem Geldwerth, welche theils von der Sarazenin Melechsala herrührten, theils auf die ganze Thatsache — in Form von Gemälden oder Teppichgeweben bildweise behandelt Licht werfen und schon in frühen Zeiten angeführt werden. Um nur ein recht schlagendes Beispiel der Muth'schen Behandlungsweise zu geben, so verwechselt er ein „Messgewand mit orientalischer Stickerei und einer „enormen" Menge orientalischer Zahlperlen" mit einem

Messgewande, welches auf 150 Gulden gewerthet und vom Graf Ludwig von Gleichen Ao. 1467 geschenkt worden ist.

Wir fügen unsererseits noch Einiges bei.

Nämlich Muth wusste beispielsweise nicht, dass der uralte Teppich, auf welchem die Schicksale des zweibeweibten Grafen dargestellt waren, von der Gräfin Margaretha von Gleichen zu Ausgang des XVI. Jahrhunderts copirt wurde — dass also doch ein früheres Original dagewesen sein musste. Diese Copie kam später auf das Schloss von Farrenroda, später nach Weimar, wo sie Ao. 1774 mit dem Weimarer Schloss verbrannte. Sagittarius hatte dies Bildgewebe im Jahr 1677 gesehen, und es ist ihm eine Copie desselben bewilligt worden (Sagittarius Geschichte der Grafschaft Gleichen S. 57). Aus seiner Mittheilung geht hervor, dass die nicht mit der Zeit eines Kreuzzuges stimmenden, angebrachten Zierrathen, z. B. Feuermörser, eben eine eigenwillige, künstlerische Zuthat der Gräfin Margaretha gewesen seien, wie wir denn genug Bilder aus dem XVI. Jahrhundert von berühmten Künstlern haben, auf welchen der Anachronismus der Waffen bei Darstellungen von Ereignissen stattfindet, die bis in die älteste Zeit zurückgreifen.

Dieselbe Licenz mochte sich in anderer Weise die Verfertigerin des sogenannten „eigentlichen" Farrenrodaer Teppichs genommen haben, insofern sie, der Sage entgegen, und um den Vorgang dramatischer zu gestalten, die erste Gemahlin des Grafen Gleichen weinend an sein Sterbelager hinbildete.

Aber wir kommen nun von den einen Muth'schen falschen Calculen und weiteren Tugenden auf historischem Gebiet auf etwas Anderes.

Placidus Muth, welcher auch die Möglichkeit des bigamischen Verhältnisses anstritt und damit nebst Anderem die Ursage vernichten wollte, gleichviel, wie der Graf geheissen habe — sucht, um gründlich abzuhelfen und aus den drei Figuren des Denkmales doch Etwas herauszudeuten, was ihm taugen konnte, einen Grafen von Gleichen aufzustellen, welcher zwei Frauen nachweislich hatte; das heisst, nach einander.

Er wandte sich deshalb an Graf Sigmund (I.) von Gleichen und dessen zwei successive Frauen, die Agnes von Querfurt und nach ihr die Katharina von Schwarzburg.

Dieser Sigmund, welcher allerdings Burg Gleichen besass, aber fast nie dort lebte, sondern meistens zu Tonna oder Ohrdruff, starb

Ao. 1494 — und ihm sei, nebst Frauen, meinte Dr. Placidus Muth — worin ihm unbegreiflicher Weise auch Hellbach (in der Geschichte der drei Bergschlösser S. 161) beistimmt, der in der Kirche des Petersklosters befindliche Grabstein (nämlich noch zur Zeit befindlich, als Muth seine Disquisitio schrieb) gesetzt worden.

Er beruft sich deshalb auf Niklas von Sighen, welcher den Tod des Grafen meldet, aber selbst Ao. 1495 starb — ohne den Grabstein gesehen zu haben.

Wollte man auch annehmen, dass Niklas von Sighen noch gehört habe, man beabsichtige, dem Sigmund ein Denkmal zu setzen, und dass er etwa einen Aufriss gesehen habe, ja dass die Vollendung und Aufrichtung später auch wirklich eingetreten sei — so müsste der für Sigmund vindicirte Grabstein doch ein anderer, jetzt verkommener Stein gewesen sein.

Denn der Stein, um welchen es sich handelt, und welcher noch in Erfurt gesehen wird, ist nicht ein Produkt des XV. oder etwa gar des XVI. Jahrhunderts, sondern nur das reinste Produkt des XIII. Jahrhunderts. Mit dieser Bestimmung hat auch Hefner von Alteneck in seinem Trachtenbuch die genaue Abbildung des Grabsteins begleitet, wobei er als das Todesjahr des Ernst III. allerdings das Jahr 1264 angiebt, welches sich nicht so verhält, übrigens hier in Frage, wo es die Bestimmung der Zeit des Denkmals an sich betrifft, von keiner weiteren Relevanz sein kann. Jedenfalls hat die Angabe um so weniger gegen sich, als die Frage über die Person und Todeszeit des Grafen noch offen war, von Hefner sich also an die eine Angabe der Sage, vielmehr an irgend einen Autor hielt, welcher die Sache nicht aufs Neue gründlich untersucht hatte, und also das Jahr 1264 annahm.

Wie unverkennlich nun die Zeit des Styles bis auf einige Jahrzehnte hin auf dem Grabmal jetzt ist, so hätte Muth doch so viel erkennen können, dass das Grabmal mindest nicht aus dem XV. Säculum sei; doch er erkannte selbst dies nicht — und Hellbach liess sich auch irre führen, indem er Jenem betreffs des Grafen Sigmund beistimmte.

Da nun diese zwei Herren den Grabstein aus dem XIII. in das Ende des XV. Säculum versetzten, so konnte Ihrerseits die Jahreszahl 1227, welche früher auf dem Stein gewesen war, keiner Werthschätzung würdig sein und wurde selbst in das Gebiet des „man sagt, dass ehedem etc. etc." geschoben, während doch der Schwarzburg'sche Historiograph Paul Jovius (starb 1633) dieselbe noch an einer Stelle des Steines sah.

Indem nun Muth und Hellbach das Gleichendenkmal für Graf Sigmund und seine zwei successiven Frauen *) vindicirten, konnten sie sich gleichwohl nicht des Gedankens erwehren, dass diesfalls mindest doch der Name Sigmunds auf dem Stein gefunden werden sollte.

Die zwei Herren halfen sich aus dem Gegentheil der Sachlage auf folgende Weise heraus. Sie sagen, oder es kömmt vielmehr in einer eigenthümlich verwirrten Mischung der Muth- und Hellbach'schen Behauptungen vor:

„Der Name Sigmund wäre sicher auf dem Grabstein zu finden, wenn man auf demselben dazu den Raum gefunden hätte; und weil dies nicht der Fall gewesen sein mochte, so habe man eben das Wappen (sic!) (Todtenschild) des Grafen Sigmund an der Wand gegenüber befestigt."

Wirklich amüsant! Man soll dem Grafen Sigmund von Gleichen einen Grabstein bestimmt und bei Anfertigung desselben nicht einmal Bedacht genommen haben, so viel Platz an den Figuren zu ersparen, dass man noch einmeisseln konnte, wer denn da mit seinen zwei Frauen begraben liege! Und weil der Name Sigmund fehle, habe man den Todtenschild an die Wand gesetzt.

Gerade weil das Wappen, wie sie es nennen, angeheftet wurde, und sich kein, dem in Frage stehenden nur einigermassen, ähnlicher Gleichen'scher Grabstein aus dem XV. Jahrhundert findet, auch nie ein solcher bekannt war, zeigt sich schlagend, dass Sigmund von Gleichen gar keinen eigenen Grabstein bekam, wenn auch von einer Absicht die Rede gewesen sein sollte. Er wurde eben in der Gegend des Gleichensteins, nahe gegenüber, Ao. 1494 zur Ruhe gelegt und, wie bei zahllosen anderen Adeligen, denen auch keine eigenen Monumente errichtet wurden, der Fall war, besagter Todtenschild gesetzt, welcher die Aufschrift hatte:

(Vide Sagittarius S. 361.)

A o. Dom. uff Sonnabent vor Letare ist verschieden

---

*) Dass die Frauen nicht in der St. Peters-Klosterkirche begraben worden seien, auch keines der Kinder Sigmunds I. aus ihnen, wird in dem, dieser Abhandlung folgenden Abschnitt II., betitelt „Einzelnes zur Gleichensage" in gründlicher Erörterung vorkommen.

der Edel Wolgeborn Her Sigmund Graf zu Glichen und Her (zu Tonna).

Aus dieser Inschrift geht nun nicht einmal mit Bestimmtheit hervor, dass Sigmund da begraben worden sei, sondern er könnte wo anders gestorben, und ihm deshalb allgemein am Orte, wo man mehrfach Gleichen begrub, der Todtenschild aufgehängt worden sein. Jedenfalls ist aber diese Inschrift kein Behelf für die Meinung, es seien damit oder vielmehr vor ihm schon seine zwei Frauen begraben worden; denn diesfalls wäre man doch auf den Gedanken gerathen, durch irgend nur Etwas die Nachwelt in Kenntniss zu setzen, dass hier der Graf Sigmund und seine zwei successiven Frauen ruhten.

Uns noch einmal zu Crousa Chebre wendend, und ihm, einige Kleinigkeiten ausgenommen, beistimmend, wiederholen wir, dass derselbe das Gewicht der eigens benannten Oertlichkeiten an Burg Gleichen glücklich behauptet und eben so richtig jenes der Teppiche, Bilder und Kleinode u. s. w., um der Doppelehe des Grafen Gleichen durch Hindeutungen auf eine Orientalin zu Hülfe zu kommen. (S. 300 des genannten Archivs folg.)

Wir unsrerseits machen noch insbesondere aufmerksam, dass man gerne gezweifelt hätte, die zur Linken des Grafen stehende Frau sei nicht das Bild einer Sarazenin, resp. Türkin, weil ihre Kopfbedeckung jener der ersten „deutschen" Frau ziemlich ähnlich, ja, ausser einer Bandverschiedenheit, gleich sei — und gänzlich von der verschieden, welche sich auf der Kupfertafel in Sagittarius darbietet.

Dies scheint auch auf den ersten Gedanken nicht ganz ohne zu sein.

Aber es ist doch nicht richtig.

Man machte eben Ansprüche an die Erscheinung der Melechsala auf dem „Denkmal", welche nicht erfüllt werden konnten.

Als christliche Gemahlin des Grafen, als nun deutsche Frau, durfte sie nicht in orientaler Tracht vorgeführt werden, wie sie dieselbe auch sicher während ihrer Ehe nicht in voller Bedeutung hatte, was vor Allem auch in Betreff der Kopfbedeckung gelten muss; und das Bild bei Sagittarius kann durchaus nicht als Maassstab der Anfrage und Beurtheilung benutzt werden. Denn fragliches Bild ist in Kupfer nach einer ihm Ao. 1677 vom Burggrafen Georg Ludwig bewilligten Copie eines Theils jenes Teppiches gestochen, der die „Ankunft" der Melechsala darstellte, mit Anderem an das

Kirchberg'she Haus als Heirathsgut kam und dann nach Farrenroda.

Wir glauben übrigens sogar, dass die Melechsala sich schon auf dem Wege nach Deutschland, und wohl auch schon unmittelbar nach ihrer Taufe zu Rom, ihrer orientalen Tracht entschlagen habe, wenn wir auch gerne zugeben, dass sie ihre Gewandungen mitbrachte, und die Verfertigerin des Teppichs, auf welchem die Catastrophe des Ernst und der Melechsala dargestellt wurde, dieselben noch sah und in Abkonterfei brachte.

Dass Melechsala, nebenbei bemerkt, selbst auf diesem Bilde nicht eine, gewöhnlich gedacht, unerlässliche, türkische Kopfbedeckung aufweist, ist von keinem Belang. Denn es ist gewiss, dass früher die Türkinnen von höchstem Stande sich nicht allein an den „Tulband" zu halten hatten, namentlich wenn es galt, die Kennzeichen eines, etwa gar „allerhöchsten" Standes, der Souverainetät, zu tragen — welche sich am Tulband nicht wohl anbringen liessen. Eine Menge alter Bildnisse beweist es.

Sollte sich aber Melechsala auch wirklich noch in deutschen Landen so reich getragen haben, wie es das Portrait zeigt, worin ihr Graf Ernst, wenn sie die Mittel dazu hatte, am Ende nicht hinderlich gewesen sein möchte, so konnte die Kopfbedeckung auf dem Kupferstich eine irgend damals zum sogenannten Staatmachen dienlich und üblich gewesene deutsche, vorstellen, wobei die Merkzeichen der Krone angebracht wurden, wenn denn die Spitzen diese bedeuten sollen.

Wie dem sei, auf dem Grabstein hatte Melechsala als christliche Gemahlin eines Deutschen zu erscheinen, und die grosse Aehnlichkeit dieser äusserlichen Erscheinung mit der der ersten Gemahlin ist ein neues Merkmal der Einigkeit zwischen ihnen und ihrer Parität, dem gemeinschaftlichen Gemahl gegenüber.

Im Hinblick auf Portraits der Melechsala sei noch angedeutet, dass eines an den Grafen Hatzfeld nach Wien kam (vielleicht auch eine Copie nach jenem Teppich) und ein drittes in die Kunstkammer zu Dresden.

Nachdem die absichtlichen oder unabsichtlichen Irrthümer Muth's, Hellbach's und mit ihnen jene Derer widerlegt sind, welche mit diesen zwei Herren zwar in Vielem übereinstimmten, aber doch wieder nicht ganz überzeugt waren — mit anderen Worten, nachdem der fragliche Stein nicht dem Grafen Sigmund von Gleichen errichtet werden konnte, und kein anderer Graf Gleichen denkbar ist, als ein solcher, welchen die Sage aus dem XII., beziehungsweise XIII. Jahrhundert meldet, so kann es sich nur noch darum handeln, zu bezeichnen, welcher von zwei in diese Zeiten fallenden Grafen Gleichen denn wirklich der Zweibeweibte gewesen, mit seinen zwei Frauen auf dem Grabstein dargestellt worden — und hiermit Der sei, dessen Haupt (wie auch das je treffende seiner Frauen) zum Abguss kam.

Im Einklang mit den für die Sage und für den Denkstein als Kunstwerk möglichen Zeiten bleiben zur Betrachtnahme nur die Söhne Erwin's (Chebre nennt ihn nicht richtig den II.), der bald nach 1152 seinen Sitz zu Gleichen hatte, nämlich:

Lambrecht II. und Ernst III.,

denn nur auf sie können, entweder der Kreuzzug von 1188 — oder der von 1227 quadriren.

Hier ist es uns unerlässlich, wenn wir bisher mit Crousa Chebre gegen Muth auftraten, nun gegen Crousa Chebre Partei zu ergreifen.

Nämlich: Nach Ansicht des Verfassers dieser Zeilen ist sich unbedingt für Ernst III. zu entscheiden, denselben, welchen die Sage nannte.

Crousa Chebre aber behauptet im Archiv für Geschichte etc., dass es Lambrecht II. sei, welcher die Melechsala zur Frau gehabt habe, obwohl der geehrte Autor aller Arten Aufstellungen macht, welche rein hypothetischer Natur sind, wie er (S. 315, n. 25) selbst sagt, er basire nur auf „Vermuthungen".

Wir wollen unter nachfolgendem A. kurz angeben und widerlegen, was Crousa Chebre gegen Ernst III. ausspricht, und dann unter weiter folgendem B. angeben und widerlegen, was er für Lambrecht vorbringt.

A.

Von Ernst III., welchem allgemein sagenweise als erste Frau eine Orlamünderin — oder Kefernburgerin zugeschrieben wurde, schriftlich aber, wie bei Sagittarius S. 52, eine erstgenannte — und dazu eine zweite, eine Sarazenin (Türkin) — sagt Crousa Chebre S. 313 des „Archivs für Geschichte, Genealogie etc":

1. Ernst III. sei auf „Velsseke" und nicht auf Gleichen gesessen, auch stets (sic) der von Velssek genannt worden, wie unter Anderem (!) ein Kaufbrief von Ao. 1222 beweise;
2. aus dieser Urkunde gehe auch hervor, dass Ernst III. damals keine Söhne gehabt habe — das Gleiche aus einer Urkunde wegen Pfandschaft von Ao. 1209;
   (NB. Solcher Söhne bedarf Chebre später zu seiner Sagen-Vindication für Lambrecht II.)
3. soll Ernst III. noch im Jahr 1230 gelebt und auf der Hainerburg bei Mühlhausen die Barfüsser angenommen haben.

Entgegnung hierauf:

Ad. 1. Ernst III. war, wie sein Bruder Lambrecht II., ein Sohn Erwin's IV., der zuerst auf Gleichen sesshaft wurde. Beide Brüder waren also Grafen von Gleichen, und wenn auch Ernst auf Velsseke sass, so blieb er doch eben sowohl ein Graf Gleichen, als ein bayerischer Graf Arco ein Arco bleibt, ob er den gedachten oder wirklichen Sitz zu Valley, Zinneberg oder wo sonst hat. Es alterirt also nichts, wenn sich Ernst in der Urkunde de An. 1222, laut welcher er seine Güter zu Schwerstedt und einen benachbarten Wald an das Kloster Reiffenstein verkaufte, von „Velsseke" titulirte, um so weniger, als die fraglichen Güter, ausser seinem sonstigen Gütercomplex, zu jenem Theile gehörten, für welchen Velssek gewissermassen einen Centralpunkt bildete, weshalb er sich in seiner speciell hier einschlägigen Gutsherrn-Eigenschaft benannte.

Zudem sagt Sagittarius S. 45 oben, nach Angabe des Diploms von Ao. 1193: Man spreche auch von einem anderen Diplome, datirt von Nürnberg, worin sich die beiden Brüder des prächtigen Titels bedient hätten: Comites de Glichen. Erfurtensis civitatis et universi Regiminis atque judicii primates simulque Advocati Imperiales inibi residentes Lambertus et Ernestus. *)

Ad. 2. Wenn in der Pfandurkunde an das Kloster Reiffenstein de Ao. 1209 und aus der Verkaufsurkunde an dasselbe Kloster de Ao. 1222 keine Söhne mit unterschrieben sind, und deshalb auf ihr Nichtvorhandensein zur treffenden Zeit geschlossen wird, so ist der Schluss offenbar willkürlich. Es haben eben Vermögens-Auswei-

---

*) Noch eingehender wird über die Beziehung Ernst's III. zu Velsseke in dem später folgenden dritten Abschnitt: „Sagittarius vertheidigt gegen Wolf" verhandelt.

sungen für die Töchter vorher stattgehabt, und da mit den Objecten eine Verpfändung oder ein Verkauf vorgenommen ward, hatte man nur den Töchter- nicht den Söhne-Consens nöthig, weshalb sich diese auch nicht in der Urkunde vorfinden können.

Dies ist eben so einleuchtend, als sich möglicherweise Urkunden finden, worin die Töchter nicht benannt sind, sondern nur die Söhne; wer wollte daraus folgern, dass deshalb keine Töchter, respective Schwestern der Consentirenden vorhanden gewesen seien, als eine solche Urkunde ausgestellt ward? Das Interesse der Töchter, würde man sagen, kam eben nicht ins Spiel, deshalb bedurfte man auch nicht ihres Consenses, und sie konnten gar wohl existent sein.

Ad 3. Dass Ernst III. Ao. 1230 noch gelebt und die Barfüsser auf die Hainerburg nahm, ist, das Erste betreffend, unerwiesen — in Betreff des zweiten Punktes vollkommen unrichtig. Die Annahme der Barfüsser geschah durch Ernst V. (v. Sagittarius S. 82), welcher ein Sohn jenes Sagen-Ernst's III. war und deshalb der Fünfte hiess, weil Lambrecht (der Bruder des Ernst III.) auch einen Sohn des Namens Ernst hatte, welcher, als Sohn eben des älteren Bruders, dem Ernst des Jüngeren in der Zahl vorausging und der IV. hiess.

Somit dürfte Crousa Chebre in dem widerlegt sein, was er gegen Ernst III. sagt.

Wir vindiciren, wozu wir das Recht auch später schlagend beweisen wollen, dass Ernst III. Söhne gehabt habe und auch eine Tochter, wo nicht zwei. — Ausserdem sei hier fest bemerkt, dass Ernst III., welcher An. 1230 nicht mehr vorkommt, mit seinem älteren Bruder das erstemal angeblich im Jahr 1193 — und das letztemal 1223 vorkömmt — (v. Sagittarius S. 45 und S. 48 oben) und vindiciren, dass Crousa Chebre das Todesjahr nicht anzugeben weiss.

B.

Von Lambrecht oder Lambert II., welchen Crousa Chebre für die Doppelehe vindicirt (obwohl der Graf geschichtlich nur eine Frau hatte und die Sage ihm keine zweite beilegt, nicht einmal successive), sagt er „annahmsweise", obwohl er ihn S. 313 des „Archivs" im Titel des Abschnittes bestimmt als den „zweibeweibten Grafen" aufstellt:

1. Er werde sich 1188 zu Mainz das Kreuz zum Zug nach Palästina angeheftet haben.
Entgegnung:
Woher diese Annahme? Sie ist ganz unberechtigt. Denn es ist gar keine historische Unterlage da.
Aber hilft etwa die Sage nach?
Nein.
Wenn nun auch vom Kreuzzugsjahr 1188 an bis zum Jahr 1193, in welchem Lambert urkundlich erscheint (beziehungsweise 1195, in welchem beide Brüder in Deutschland urkundlich vorkommen), keine Urkunde von oder über Lambrecht vorliegt, und dessen Abwesenheit äusserst wahrscheinlich ist — da nicht er, als doch der ältere Bruder, mit seinem Vater den „Consens" zur Schenkung ausstellte, welche seine Tante an das Kloster Reiffenstein Ao. 1191 machte, sondern Ernst III., der jüngere Bruder — wie sich dies in der „Zwischenbetrachtung" der kritischen Abhandlung „Sagittarius vertheidigt gegen Wolf" auf's Nähere zeigen wird und woraus hervorgeht, dass Ernst nur drei Jahre abwesend sein konnte — so ist doch nicht abzusehen, weshalb in der treffenden Zeit gerade Der im „Orient" gewesen sein soll, für welchen die Sage nicht spricht, und Der nicht, für welchen sie immer sprach.

Crousa Chebre sagt weiter 313 und 314:

2. 1188 habe Graf Rheinbot von Beichlingen (Vater-Schwestersohn des Lambrecht II.) der Petersabtei zu Erfurt einen ewigen Zins von 18 Mark und gewisse ansehnliche Güter an das Kloster Walkenried vergabt, und schliesst daraus: „Weil diese Schenkungen in das Jahr des Kreuzzuges von 1188 fallen, so liesse sich muthmassen, dass Rheinbot seinen Vetter habe begleiten wollen, aber, durch Krankheit verhindert, zum Heil seiner Seele letztere Schenkung gethan, erstere aber dem Peterskloster gemacht habe, damit die Mönche daselbst für die glückliche Rückkehr seines Vetters Messen lesen möchten."
Entgegnung:
Dass diese Schenkungen Rheinbots, von welchen Chebre als „muthmasslich" annimmt, er habe seinen Vetter begleiten gewollt, keinen Beweis involviren, dass Lambrecht II. den 1188 ger Kreuzzug angetreten habe, ist wohl nicht erst zu beweisen. Es ginge aus dem Gesagten höchstens hervor, dass sich Rheinbot gerne dem Kreuzzug für seine Person angeschlossen hätte, aber daran irgend-

wie verhindert war und sich deshalb zu einer Milde gegen die Kirchen herbeiliess.

Crousa Chebre sagt S. 314 unten:

3. Lambert II. hat sich erst wenige Jahre vor dem Kreuzzug (1188) mit Sophia von Orlamünde vermählt (soll heissen, wird sich vermählt haben), von welcher er zwei Söhnlein hatte.

Entgegnung:
Lambert II. hatte eine Sophie von Orlamünde zur Frau und konnte 1188 schon zwei kleine Söhne haben. Dies integrirt aber gar nicht, und wenn es überhaupt auf dies Moment „zwei kleine Söhnlein" anküme, so hat eben so wahrscheinlich sein Bruder Ernst III. um diese Zeit auch schon ein paar Söhnlein gehabt, da er, wie sich zeigen wird, eine gute Reihe Söhne hatte.

Crousa Chebre sagt 315 oben:

4. Lambert II. mochte zur Zeit des Kreuzzuges 1188 dreissig Jahre alt sein.

Entgegnung:
Er „mochte" es ungefähr sein; aber Ernst III., sein Bruder, mochte es auch gewesen sein, und Lambrecht, als der ältere, etwas mehr als dreissig.

Crousa Chebre sagt sogleich folgend S. 315:

5. Lambrecht II. fand, als er im Frühjahr 1193 mit der Sarazenin (Türkin) in seiner Heimath anlangte, seine beiden bejahrten Eltern nicht mehr lebend; der Kummer um seine Gefangenschaft hatte sie getödtet, und zwar seine Mutter im vergangenen Jahr 1192 zuerst, worauf ihr Gemahl Erwin II. (und ihre Gebrüder Berthold und Vollrath) der Abtei St. Peter für ihre Ruhestätte 12 Hufen Land zu Walschleben und 6 Hufen zu Tuttleben vergabte und kurz darauf selbst starb.

Entgegnung:
Wenn Kummer über eine Gefangenschaft obgewaltet hätte, so ist nicht abzusehen, weshalb er über die (nirgends angegebene) Gefangenschaft des Lambrecht II. stattgehabt habe, und nicht über die Gefangenschaft des Ernst III., von welchem die Sage die Gefangenschaft meldet. Und wenn die Mutter des Lambrecht II. und des Ernst III. 1192 starb, und der Vater dieser Beiden im Verein mit seinen Schwägern, um seiner Frau ein Begräbniss in der Kirche des Petersklosters zu gewinnen, dem Kloster Schenkungen machte, so ist das, nebenbei gesagt, ausser allem Zusammen-

hang mit Lambrecht II., dessen angeblicher Kreuzfahrt und Gefangenschaft. Die Frau des Erwin starb und sollte eben in der Kirche des Petersklosters begraben werden.

Uebrigens geschah die Schenkung gewiss nicht, um ihr ein Grab in der Kirche zu gewinnen, da die Gleichen als Schirmvögte des St. Petersklosters ohnehin ein Recht auf die Begräbnisse der Mitglieder ihres Geschlechts in der Klosterkirche zu St. Peter hatten; höchstens geschah es deswegen, damit die Mönche für die Frau des Erwin so viel eifriger beten möchten. Wie denn auch bei Todesfällen und Begräbnissen die Mildthätigkeit zu solchem Zweck — oder überhaupt stets Veranlassung hatte.

Es ist noch Etwas zu erwägen.

Von der Gefangenschaft des (angeblich mit dem Kreuzzug abgegangenen) Lambrechts II. hätten die Eltern nichts wissen können. Er wäre eben Jahrelang nicht mehr heimgekehrt und hätte für todt gegolten. In diesem Fall hätte Graf Erwin mit seiner Vergabung gewiss ein „Seelengeräthe" wie für die Frau so für den Sohn errichtet — und hierüber wäre Nachricht da. Aber es ist selbst, die „Unsicherheit" des Schicksals Lambrechts II. angenommen, nicht einmal eine Spur da, dass man, was doch gewiss gewünscht worden wäre, auch nur für die glückliche Wiederkehr beten sollte.

Die Hauptsache aber ist, dass Mutter und Vater der zwei Grafen Ao. 1192 gar nicht mehr traurig sein konnten; über **Lambrecht** nicht, weil er mit dem Kreuzzug nichts zu schaffen hat, und über **Ernst** nicht, weil er An. 1191 schon wieder zurück war, indem er ja sonst den oben sub Nr. 1. erwähnten „Consens" nicht hätte **ausstellen können**.

Crousa Chebre sagt Weiteres S. 315:

6. Die Sarazenin (Türkin), welche nach den meisten älteren gedruckten Urkunden **Melechsala** geheissen haben soll, wird in der heiligen Taufe den Namen **Adela**, nach der Mutter König Philipps von Frankreich, der Königin Adela, erhalten haben, und fügt bei: „Graf Lambrecht mochte durch seine Tapferkeit vor Ptolemais vor seiner Gefangenschaft dem Könige persönlich bekannt geworden sein, und der Graf dies benutzt haben, von dem Könige bei dem erleuchteten Cölestin III. sich eine Fürbitte zur Doppelehe mit der Sarazenin zu verschaffen" etc.

Entgegnung:

Da Crousa Chebre in der Note 25 zu dieser Conjectur selbst ausspricht: „Es bedarf wohl eigentlich nicht besonders bemerkt zu werden, dass dieses, so wie die Fürbitte Philipps, nur auf Vermuthungen beruht," so sind wir jedes Gegenbeweises überhoben. Den christlichen Namen der Melechsala weiss man nicht. Was

7. Crousa Chebre S. 316 vom damaligen (NB. manchmal vorgekommenen) moralischen Zustande der fürstlichen Ehen sagt, ist an sich ganz richtig, hat aber keinen Bezug auf die „Doppelehe" eines Grafen von Gleichen.

Weiteres sagt Crousa Chebre S. 317 oben erster Absatz:

8. Lambrecht II. erscheint als Zeuge mit seinem Bruder Ernst III. im Jahr seiner Zurückkunft 1193 als Schirmvogt des Petersklosters.

Entgegnung:

Dies bewiese wieder nicht, dass Lambrecht II. den 1188ger Kreuzzug mitgemacht habe, sondern bewiese nur, dass, wenn der von der Sage bezeichnete Ernst III. mit dem 1188ger Kreuzzug abzog, er, nämlich Ernst, im Jahre 1193 wieder zurück gewesen sein müsste. Er war aber schon 1191 wieder zurückgekehrt.

Crousa Chebre führt weiter S. 317 im zweiten Absatz und S. 318 Verschiedenes an, als:

9. Dass Lambrecht II. in verschiedenen Urkunden sich allein als Graf Gleichen, oder als Graf und Schirmvogt unterzeichnet, wie auch, dass er mit seinem Bruder 1195 als Zeuge auftritt, desgleichen mit demselben als Zeuge Ao. 1206, und dass Niclas v. Sighen zum Jahr 1204 angiebt, Lambrecht habe dem Kaiser Philipp bei seinem Einfall in Thüringen geholfen, was auch der Chronist „de Landgraviis Thuringiae" vorbringe.

Entgegnung:

Das „allein sich Graf Gleichen nennen" wurde schon früher gewürdigt und wird, wie oben bemerkt, noch weiter betrachtet werden.

Alles Uebrige hat auf den Kreuzzug Lambrechts II. und seine angebliche Doppelehe nicht die geringste Beziehung. Betreffs der rein sporadisch hereingezogenen historischen Notiz jener Verbindung Lambrechts mit dem Kaiser waltet ohnehin kein Zweifel. Wollte man aber jene andern Schriftstücke irgend in Anschlag bringen, so ist der Ausschlag jedenfalls gegen Lambrecht II. und dessen von Crousa Chebre behauptete Doppelehe, weil eben beide angezogenen urkundlichen Stellen in Betreff des Lambrecht keine Bemerkung machen, welche klar für einen Kreuzzug und eine darauf gefolgte Doppelehe spricht, aber auch nicht einmal das leiseste sonst einschlägig Markirende und Deutbare über ihn angeben. Sie thaten es hier nicht, weil eben von ihm derlei hier nicht anzubringen war, wie auch bei ihm nirgends anderswo etwas Derartiges angebracht wurde, weder bei Anziehung einer Urkunde, in welcher er vorkömmt, noch selbständig.

Lambrecht hat also eine urkundliche Bemerkung nicht für sich, und dazu, wie schon früher bemerkt wurde, auch nicht die Sage im Volksmund.

Wir müssen jetzt in Crousa Chebre's Angaben augenblicklich weiter zurückgreifen — fahren aber dann sogleich im Zusammenhang mit oben, nämlich mit S. 318 des Archivs für Geschichte etc. wieder fort.

Crousa Chebre sagt auf S. 314 infra:

10. Lambrecht II. habe eine Orlamünderin zur Frau gehabt. Da Crousa Chebre im Ganzen auf dies „Orlamünderin" Werth legt, so diene zur

Entgegnung:

Dass wenn Lambrecht II. eine Orlamünderin zur Frau gehabt hatte, Ernst III., sein Bruder, deshalb nicht minder eine „Orlamünderin" zur Frau gehabt haben könnte. Als eine solche giebt sie auch Sagittarius S. 52 ganz oben an. Uebrigens wird, wie schon bekannt ist, dem Ernst auch als erste Gemahlin von der Tradition theilweise eine Gräfin von Kefernburg zugeschrieben; wenn also dies angenommen würde, so wäre der Umstand, dass Lambrecht eine Orlamünderin hatte, ganz irrelevant. *)

Wir wenden uns wieder vorwärts zur Prüfung der Angaben Crousa Chebre's auf S. 318 des „Archives für Geschichte" etc.

Hier sagt er Beginns des ersten Absatzes:

11. Lambrecht sei seiner, vor ihm verstorbenen, zweiten Frau, der Sarazenin (Türkin) (NB. nicht beiden Frauen, wie die Sage angiebt) in's Grab gefolgt und zwar Ao. 1227. Dieses

---

*) Welche von beiden Angaben und zwar, dass die des Sagittarius die richtige sei, wird sich im Verlauf dem später folgenden dritten Abschnitt: „Sagittarius vertheidigt gegen Wolf" herausstellen.

Jahr sei aber deshalb augenscheinlich sein Todesjahr, weil früher auf dem Steine 1227 stand, was noch Paul Jovius sah.

Entgegnung:

Abgesehen davon, dass das Ueberleben der einen deutschen Frau gegen die Tradition geht, kann aus historischen Autoren-Angaben weder das Todesjahr Lambrechts II. noch Ernst III. sicher begründet werden; es bleibt die Auffassung in Frage immer nur eine mehr subjective Auffassung jener Jahreszahl 1227 für Lambrecht, und könnte schon aufs Geradehin ebensowohl für den Tod des Ernst in Anspruch genommen werden — was auch schliesslich unsererseits geschehen soll, doch hoffentlich nicht ohne sichtliche Gründe.

12. S. 318 infra sagt Crousa Chebre:

„Die erste Gemahlin Lambrechts, Sophie von Orlamünde, sei ihm Ao. 1247 ins Grab gefolgt."

Es will dagegen nichts eingewendet werden.

Mit dem deutschen Beisatze aber wegen Hermanns von Orlamünde, ihres Bruders, alterirt Crousa Chebre ebensowenig in Betreff Ernst III., welchen er nicht als „zweibeweibten Grafen" gelten lassen will, als durch die lateinische Urkunde, welche er aus dem Jahre 1246 anführt.

Crousa Chebre's Worte seien in beiden Fällen hiergesetzt.

Die deutschen Worte lauten:

„Im Jahr 1247 starb Sophie, die Mutter Heinrichs, Grafen von Gleichen, und zugleich Hermann Graf von Orlamünde" (Crousa Chebre sagt ihr Bruder).

Nun was ist es, wenn Sophie die Mutter Heinrichs war? Er ist eben jener Heinrich, welcher Ao. 1234 in die Acht kam, alle seine Güter verlor, wirklich Graf von Gleichen genannt wurde und wirklich der Sohn des Lambrechts II. und jener Sophie war (vide Sagittarius 49 und 50 oben). Was hat das Alles mit Kreuzfahrt und Doppelehe zu schaffen? — Weiters:

Die lateinische Urkunde von 1246 lautet:

„Ernestus de Glichin et Heinricus de Glichenstein, fratres Comites, Dei Gratia, omnibus in perpetuum. Notum facimus protestando, quod jus vendidimus, accedente consensu Domini et avunculi nostri Comitis Hermani de Orlamunde."

Was beweist Crousa Chebre damit in der in Frage stehenden Sage vom „zweibeweibten" Graf Gleichen gegen Ernst III. und für Lambrecht II.??

Wohl nichts. Denn diese zwei Grafen sind ganz ausser Bezug auf Lambrecht. Sie sind vielmehr eben die Söhne Ernsts III. (vide Sagittarius S. 58), als die sie Beide genannt werden, Ernst als der V., welcher sich auf Gleichen setzte, und Heinrich als der II., welchem Eichsfeld überkam und der sich von „Gleichenstein" benamste.

Aber, meint Crousa Chebre, diese zwei Grafen nennen den Grafen Hermann von Orlamünde „Avunculum".

Was beweist Crousa Chebre damit zum Nachtheile Ernst III. und für Lambrecht II., als den von ihm behaupteten „Zweibeweibten"?

Wir entgegnen: Er beweist nur, dass ihr Vater Ernst III. mit der chronicalen Hauptsage übereinstimmend wirklich eine Orlamünderin zur (ersten) Frau hatte, deren Bruder Hermann also Oheim der zwei genannten Ernst und Heinrich war.

Wir machen uns zum Schluss der bisherigen Untersuchung der Angaben Crousa Chebre's noch selbst einen Einwurf.

Nämlich:

Die Sage nennt hie und da die erste Frau des Ernst III. Sophia — Sagittarius nennt keinen Namen. Wenn nun die Frau des Lambrecht II. auch Sophia hiess, so könnte es wirklich scheinen, dass Graf Siegfried von Orlamünde, der Vater der Sophie, der Gemahlin Lambrechts II., noch eine Tochter des Namens Sophie gehabt haben müsse, wenn die Gemahlin Ernst III. auch so geheissen habe.

Aber die Sache wird sogleich klar, wenn wir in Betracht ziehen, dass die Sage dem Ernst III. eine Orlamünderin oder Kefernburgerin zur ersten Frau gab. War die erste Frau Ernsts III. eine Kefernburgerin, so konnte sie Sophia heissen und man kann deshalb nicht behaupten, Graf Siegfried habe zwei Töchter und Graf Hermann zwei Schwestern gleichen Namens gehabt.

Nimmt man aber, wie richtig an, die erste Gemahlin des Ernst sei wirklich eine Orlamünderin gewesen, wie auch Sagittarius S. 52 angiebt, so bemerke man, dass ihr Vorname bei ihm und auch sonst nirgenes quellenmässig, resp. ohne weiteres selbst demonstrativ, vorkömmt. Gleichwohl erledigt sich hoffentlich und endlich die alte Frage, wie über Herkunft so Vornamen der ersten Gemahlin Ernst III. später.

Wir haben uns mit Crousa Chebre Eingangs hinlänglich gegen Muth erklärt, insofern die Sage von der wirklichen Doppelehe eines Grafen Gleichen untergraben werden wollte und man sich Muth'scher und Hellbach'scher Seite zu einer Erklärung des Steines an den Grafen Sigmund wandte.

Nachdem wir mit Crousa Chebre, eigene kritische Bemerkungen beifügend, so weit gegangen waren und dann auf seine Behauptung kamen: „der doppeltbeweibte Graf von Gleichen sei Lambrecht II. und nicht dessen Bruder, der bisher von der Sage genannte Ernst III.", so trennten sich unsere kritischen Pfade, und es wurde deshalb nöthig, die Angaben Crousa Chebre's zu beleuchten — damit, wenn auch die Realität der Sage von ihm gegen die Muth'schen Diatriben geschützt wurde, nicht doch in Betreff der Person des „Sagenhelden" ein neuer Irrthum entstehe, oder vielmehr wegen der Bestimmtheit, mit welcher Crousa Chebre manchesmal auftrat, sich in die historische Welt einbürgern möge.

Wie weit die Ueberzeugung bis da für unsere Gegenangaben gewonnen worden sei, bleibe dahingestellt, selbst wenn wir Crousa Chebre schon unter Nr. 12 der Entgegnung nachwiesen, dass er sich eine Verwechslung von zwei Grafen habe beikommen lassen, nämlich als zwei Söhnen des Lambrecht, statt dessen sie Söhne des Ernst III. sind.

Aber wir hoffen, die volle Ueberzeugung dahin einzuernten, dass Lambrecht II. nicht der „zweibeweibte Graf von Gleichen" gewesen sei, wenn wir Crousa Chebre's Angabe auf S. 319 oben des „Archivs", in welches er seine Abhandlung niederlegte und auf welcher Seite er auf die Gesammtdescendenz jenes Lambrechts oder Lamberts II. Bezug nimmt und Gewicht legt, kennzeichnen; indem wir der sicheren Ueberzeugung sind, es sei bei dieser Gelegenheit dem geehrten Verfasser, in zu grossem Vertrauen auf Wolfs Geschichte des Eichsfeldes und andere in der Anmerkung zu S. 310 des Archivs für Geschichte etc. angegebene Zusammenstellungen der Gleichen'schen Genealogie, Etwas widerfahren, wodurch Alles fruchtlos werden muss, was unter solcher Bezugnahme für Lambrecht II. als den „Grafen der Sage" je aufgebracht und angeführt werden könnte.

Auf besagter Seite 319 des „Archives" sagt er nämlich, indem er eine Urkunde von Anno 1230 citirt:

„Sophie (n. b. Lambrechts II. Frau) habe fünf Söhne gehabt, Ernst, Heinrich, Albert, Hermann und Lambert — dazu, wie er im Verlauf angiebt, zwei Töchter: Adela, Frau des Grafen Dietrich von Eberstein, und Sophie, Frau des Grafen Heinrich von Schwarzburg."

Höchst unglücklicher Weise für den geehrten Verfasser sind nun aber sämmtlich jene fünf Söhne eben nicht die Söhne Lambrechts II., sondern sie sind die fünf Söhne seines Bruders, Ernst III., des „Sagengrafen".

Man sehe den Gleichen'schen Hauptschriftsteller Sagittarius, S. 57: Ernst V., Heinrich II., Albrecht II., Hermann I., Lambrecht III.

Diese sind die Söhne Ernst III.

Lambrecht II. hatte nur drei Söhne:

Albert I., Heinrich I. und Ernst IV.

Man sehe Sagittarius S. 48.

Auch wird bei Lambrecht II. keiner Tochter (Adela) gedacht; wohl aber bei Ernst III.

Man sehe Sagittarius S. 57.

Auch wird bei Lambrecht II. keiner Tochter Sophie (Gräfin Schwarzburg) erwähnt.

Wessen Tochter nun auch diese Sophie war, wird sich bald zeigen.

Wir halten uns nur noch für einen Augenblick an die Söhne, welche Crousa Chebre dem Lambert II. zuschrieb, während sie auf Ernst III. treffen, und sprechen aus:

Wenn sich nun der geehrte Verfasser S. 319 auf die Citation und Benutzung jener erwähnten Urkunde von 1230 einlässt, welcher Urkunde zufolge die Gebrüder Ernst und Heinrich, dei Gratia comites in Glichen, unter Zustimmung ihrer jüngeren Brüder Albert, Hermann und Lambert das Dorf Gräfenhagen an das Kloster St. Georgenthal um 60 Mark Goldes verkauften — so beweist er dadurch nicht nur nicht, dass diese fünf Grafen die Söhne Lambrechts II. gewesen seien, welcher nach seiner durch nichts unterstützten Aufstellung Ao. 1227 gestorben sei, da, scheint der natürliche Schluss zu sein, ja wohl sonst seine Hinterlassenen nicht hätten „disponiren" können — — — vielmehr erleichtert er nur den unsererseits künftig zu begründenden Calcul, dass

Ernst III. 1227 gestorben sei, indem dessen Söhne Ao. 1230 frei disponirten.

Dies Letztere hat etwas wirklich nahe Liegendes und Verständliches.

Aber wir sind nun noch die Beantwortung der obigen Frage schuldig, wessen Tochter jene Sophie gewesen sei, welche den Grafen Heinrich von Schwarzburg zum Manne hatte und von Crousa Chebre unter die Kinder Lambrechts II. irrthümlich hereingezogen wurde, indem Lambrecht II. keine Töchter hatte.

Wir glauben darstellen zu können, dass fragliche Sophie auch eine Tochter Ernst III. gewesen sei, obwohl Sagittarius S. 57 nur einer Tochter Erwähnung thut. Was Sagittarius S. 79 infra angiebt (und von Crousa Chebre S. 319 Z. 20 hereingezogen wird, um seinen Beweis für Lambrecht II. aus seinen angeblichen Kindern und Verwandten zu stärken), spricht dafür und hätte den Sagittarius selbst bei näherer Ueberlegung dahin bringen müssen, auf S. 57 dem Ernst nicht nur eine Tochter (Adela) zuzusprechen, sondern als Zweite, auch die Sophie, Frau Heinrichs von Schwarzburg.

Es handelt sich nämlich um eine Urkunde vom Jahr 1265, welche ein Graf Günther von Schwarzburg ausstellte und welche Graf Lambert III., sein Oheim, als Propst des Marienstiftes zu Erfurt siegelte.

Man betrachte folgendes Schema:

Erwin IV.
{
  Lambrecht II. {
    Albrecht I.
    Heinrich I.
    Ernst IV.
  }
  Ernst III. {
    Ernst V.
    Heinrich II.
    Albert II.
    Hermann I.
    Lambrecht III.
    Adela
    Sophie, Frau des Grafen Heinrich von Schwarzburg — Sohn Günther von Schwarzburg.
  }
}

Offenbar ist Lambrecht oder Lambert III., als Bruder der Sophie, für Günther, deren Sohn Avunculus, d. h. Onkel; und da dies urkundlich vorliegt, kann nicht gezweifelt werden, dass

Ernst III., der Sagengraf, welcher ohnehin mit seiner ersten Gemahlin von der Sago der „Vielbekinderte" benannt wird, Vater von fünf Söhnen und zwei Töchtern war — der Adela und der Sophie — der Frau Heinrichs von Schwarzburg.

Dass Crousa Chebre den **Lambrecht II.** als zweibeweibten Grafen Gleichen nicht bewiesen habe, ist nun wohl klar, wie denn auch, wenn man darauf eingehen wollte, ob er nicht auch mindest einem Kreuzzug gefolgt sei — wiederholt gesagt, Alles dagegen spricht; indem sich weder die Geschichte noch die Tradition, mündlich und chronical, in diesem Betreff je mit ihm beschäftigt hat — andererseits auch nie davon eine Andeutung vorkömmt, als habe er zwei Frauen gehabt, und gar kein Grund da ist, die früher auf dem Gleichendenkmal gewesene Zahl 1227 in irgend eine Beziehung zu ihm zu bringen.

Da nun für Lambrecht II. nichts spricht und hingegen sich die Sage und chronicale Aufschreibung stets an Ernst III. wandte, es auch musste, da im entsprechenden Zeitraum keine Grafen Gleichen da sind, welche eine Kreuzfahrt mitgemacht haben konnten —

N. B. 1. die Söhne Lambrechts II. waren der Eine, Albrecht I., Canonicus des Stiftes zu Magdeburg; Heinrich I. war bei einem ins Spiel kommenden Kreuzzuge 1188 zu jung, wird auch von der Sage nicht bezeichnet, und in Betracht des zweiten von 1227 erscheint er in diesem Jahre als Zeuge, tobte auch unritterlich fort in Thüringen, bis er 1234 in die Acht kam; vom dritten Ernst IV. heisst es, er sei geistlich geworden (Sagittarius S. 48 und 49);

2. die Söhne Ernst III. waren 1188, so viel ihrer da sein konnten, zu jung, und da sie später Ao. 1230 urkundlich vorkommen, in Thüringen, und zwar Alle, es konnte also nicht leicht Einer 1227 fortgezogen und in etwas mehr als zwei Jahren wieder da sein, abgesehen davon, dass Keiner von der Sage angezogen wurde.

so sind wir berechtigt:

Unwandelbar **Ernst III.** als den „Zweibeweibten" für alle Zeiten aufrecht zu halten, und haben uns den nöthigen Erörterungen über ihn hinzugeben.

Und hiebei kömmt es nun in Frage:

A. ob er Ao. 1188 beim Kreuzzug Kaiser Friedrich Barbarossa's

auszog und ob dann die früher auf dem Stein befindlich gewesene Zahl 1227 sein Todesjahr bezeichne;
B. oder ob er Ao. 1227 beim Kreuzzug Kaiser Friedrich II. auszog (wie viele glaubten und auch chronical, aber wohlgemerkt nicht von einem Mitlebenden, aufgezeichnet wurde) und Ao. 1230 noch nicht zurück war, demzufolge etwa seine fünf Söhne meinten, er sei todt, so dass sie als vermeintliche, dispositionsfähige Erben jenen Verkauf an das Kloster St. Georgenthal vollführten, er aber dann doch, mit der Melechsala später zurükkommend, noch lange gelebt und, wie hie und da die Sage ging, Ao. 1264 gestorben sei.

C.

Prüfen wir zuerst den Fall B., nämlich jenen, dass Ernst III. dem Kreuzzug von 1227 unter Kaiser Friedrich II. gefolgt sei.

Zu dieser Prüfung müssen wir nochmals erinnern, dass Ernst III. als mit seinem Bruder Lambrecht II. jedenfalls nachweislich im Jahre 1195 vorkömmt, in Betreff des erzbischöflichen Privilegs, das Kloster Paulinzelle betreffend (Sagittarius S. 45) — vorher aber schon, nämlich Ao. 1191, allein mit seinem Vater Erwin. (S. die Zwischenbetrachtung in der „Vertheidigung des Sagittarius gegen Wolf".)

Nehmen wir an, Ernst III. sei, da er (wir wollen von letztgenanntem Jahre absehen) Ao. 1195 als Mitzeuge des älteren Bruders vorkömmt, als schon verheirathet etc. „ungefähr" 36 Jahre alt gewesen — so wäre er im Jahre 1227 um 32 Jahre älter gewesen — also 68 Jahre alt; dazu wieder gerechnet einige Jahre seiner Gefangenschaft über 1227 hinaus — so hätte ihn die Melechsala ungefähr in seinem 70. Jahre lieben müssen, was doch unglaublich ist. Und da es der Sage nach immer hiess und auch anzunehmen ist, er habe längere Zeit in der Doppelehe gelebt, aber auch hiess und aus dem Grabbefunde erhellte, er sei viele Jahre nach der Melechsala und seiner ersten Frau gestorben, so hätte der Ernst bei seinem Tode tief in den neunziger Jahren versirt.

Das Alles spricht wohl hinreichend gegen die Annahme, dass Ernst III. erst mit dem zweiten Kreuzzug von 1227 in den Orient ging, wie denn auch die Beschaffenheit seiner Reste und besonders auch die vielen gesunden Zähne, welche Thilow am noch sichtbaren Schädel sah und angab, gewiss nicht für einen so uralt gewordenen Mann zeugen. —

Prüfen wir nun den Fall A., nämlich, dass Ernst schon mit dem Kreuzzug 1188 fortzog, und wie sich das mit der früher dagewesenen Zahl 1227 auf dem Grabstein zusammenreimt, wie auch mit der Todeszeit seiner zwei Frauen.

Nehmen wir an, unser Ernst III. sei Ao. 1188 ungefähr 30 Jahre alt gewesen, so stand er Ao. 1191, da er mit dem Vater Erwin den Consens ausstellte und also in Deutschland war, in dem schönsten Alter von 33 Jahren.

Unter solchen Umständen konnte er in der Zwischenzeit von 1188—1291 von der Melechsala geliebt worden sein und folgend bei seiner Rückkunft noch fortdauernd geliebt werden.

Nun heisst es, Melechsala sei, ohne Nachkommenschaft zu haben, zuerst gestorben.

Weil sie grosse künstliche Arbeiten hinterliess, den Sarazenen-(Türken-) Weg veranlasste etc., ist ihr Dasein in Thüringen auf eine ziemliche Reihe von Jahren zu setzen.

Andererseits heisst es, die erste deutsche Frau sei ihr bald im Tode gefolgt, und Ernst III. sei Beiden viele Jahre später in das Grab gefolgt.

Rund angenommen nun, Ao. 1212 seien die beiden Frauen gestorben und Ernst habe noch 15 Jahre gelebt (wie die Sage dort und da speciell wissen wollte), so trifft dies vollkommen auf das Jahr 1227, also eben das Jahr, welches früher auf dem Gleichengrabstein noch von Paul Jovius gesehen wurde. Mit anderen Worten:

Dieses 1227 hat durch den gesammten Calcul die Bedeutung des Todesjahres für Ernst III. gewonnen, die Glaubwürdigkeit des Paul Jovius, der die Zahl sah, ist unterstützt und erläutert und ein annehmbares Alter des Ernst III. stellt sich zu Tage.

Denn wenn er Ao. 1188 rund angenommen 30 Jahre alt war, so war er im Jahre „1227" 69 Jahre alt — und, dieses Alter angenommen, kann die Beschaffenheit der Ueberreste eines so mächtigen Mannes wirklich die sein, welche sich noch heute sichtbar darstellt — ja selbst ein paar Jahre mehr wären von keinem Präjudiz.

Aus sämmtlichem bisher Vorgetragenen stellt sich also heraus und wird respective vom Verfasser dieser Zeilen aufgestellt:

A. Der Versuch des Dr. Placidus Muth und seiner Anhänger,

die Sage vom „zweibeweibten Grafen von Gleichen" zur **reinen Fabel** zu machen, sei total misslungen, vielmehr bestehe sie trotz der Angriffe mit realem Grund zu Recht, und **Crousa Chebre** habe sich durch seinen Angriff auf Muth, in vielen Betreffen wesentliches Verdienst erworben.

B. Der Versuch **Crousa Chebre's**, den **Lambrecht II.** an die Stelle des von der Sage und Chronik (für deren Angabe er selbst eintrat) genannten Ernst III. als „zweibeweibten" Grafen von Gleichen zu setzen, sei gleichfalls misslungen.

C. Der schon frühere Versuch des Dr. **Placidus Muth** und seiner Anhänger, das „Gleichengrab" mit Graf **Sigmund I.** von Gleichen in Verbindung zu bringen, sei durchaus haltlos, unter noch besonderem Hinblick auf das in Nr. 1 des folgenden zweiten Abschnittes „Einzelnes" Gesagte und auf das in Nr. 6 daselbst Vorkommende und gegen Dr. **Hasemann**, welcher beziehungsweise gleichfalls den Sigmund I. in Zusammenhang mit dem „Gleichengrab und Monument" erscheinen lässt, Gerichtete.

D. Es bleibe also, unter Hinblick auf die alle anderen Gleichengrafen nachweisend ausschliessende Betrachtung des Schlusses unseres dritten Abschnittes „**Sagittarius** vertheidigt gegen **Wolf**" gar Niemand als Träger der (realen) Sage, als **Ernst III.** von Gleichen übrig, welcher Ao. 1188 das Kreuz nahm, Deutschland sehr früh verliess, *) in den Orient kam, mit

---

*) Der allgemeine Aufbruch war auf St. Georgentag 1189, als von Regensburg aus, bestimmt, und K. Friedrich hatte auf dem Kreuzanheftungstage, (Mainzer Reichstag Jesu Christi, 27. März 1188) gegen alles Vorausziehen gesprochen. Aber die Begeisterung war los, Schaaren um Schaaren zogen schon im Lauf 1188 fort, dabei Ritter mit grossem Gefolg von Soldknechten zu Ross und Fuss, oder nur mit geringem Begleite, auch allein; so zogen auch Tausende von geistlichen und bürgerlichen Pilgern fort, und die Zahl wuchs stets massenhafter zu Beginn 1189. Die Einen nahmen den Weg über die Alpen durch Italien und schifften sich in den apulischen Häfen ein; die Anderen wählten den Weg an Portugal vorbei durch das Mittelmeer, um nach Syrien zu kommen; ihre Abfahrtspunkte waren verschiedene Orte am Rhein; wieder Andere, besonders aus dem mehr „nördlichen" Theile des Reiches, zogen geradezu durch Böhmen nach Ungarn und so weiter. Aus diesen Gründen fand K. Friedrich zu Regensburg ein nicht so grosses Heer, als er erwartet hatte, ungeachtet es ausser dem gemeinen Kriegsvolk und den geistlichen und weltlichen Pilgern 20000 ganz gerüstete Ritter aufwies.

der Türkin (Melechsala) heimkehrte, dieselbe mit päpstlicher Genehmigung, neben seiner deutschen, ersten Gemahlin, ehelichte, mit Beiden aufs Weitere friedlich lebte, bis sie nach einander starben, da er dann die Eine und die Andere in ein zu St. Peter gewähltes gemeinschaftliches, aber „besonderes" Gleichengrab beerdigen liess — und ihnen dann An. 1227 im Tod in das fragliche, gemeinschaftliche, besondere Gleichengrab folgte; in der Art, dass man die Gebeine der zwei Frauen zuerst ausgrub und ihnen dann ihren Ruheort über ihm anwies.

E. Dass es demnach nicht nöthig sei, einen anderen Grund für die Entstehung des „Volksglaubens" und der „Erzählung" auf hypothetischem Wege zu ermitteln; dies unter Hinblick auf das, gegen die Hypothesen Dr. Hasemann's in der „Encyclopädie von Ersch und Gruber" in Nr. 6 unseres zweiten Abschnittes, betitelt „Einzelnes zur Gleichensage" Gesagte.

Es ist noch etwas über Art und resp. die specielle Oertlichkeit zu sagen, in welchen die Gebeine der zwei Frauen des Ernst gefunden wurden. Sie wurden nach Thilow's Bericht oberhalb und zu Füssen über Ernst angetroffen, und zwar in einer Art ovalem Raum.

Der ursprüngliche Vorgang ist klar.

Als Ernst begraben werden sollte, öffnete man die, von ihm für seine Frauen und sich von ihm gewählte Begräbnissstätte und fand von den zwei Frauen nur noch die zerfallenen Gebeine. Diese nahm man heraus, legte sie vereint in ein Behältniss und stellte dieses, wenn ein solches in Gebrauch kam, als der Sarg — ? — mit dem innen befindlichen Ernst III. eingesenkt war, in einiger Entfernung und Höhe ober ihm zu Füssen — anderen Falles legte man die gesammten Gebeine ohne weiteres in jene Oeffnung.

Ernst selbst betreffend, so ist aber wohl anzunehmen, dass er, wie in jenen Zeiten geschah, nicht in einen Sarg, sondern in schwere Leinwand gehüllt, höchstens auf ein Brett gelegt — und so in das Grab hinabgelassen wurde.

Was die vielfachen Betrachtnahmen wegen des Ortes des Gleichenschen Monumentes anbelangt, insoferne es von dem Einen „stehend", von dem Andern „liegend" befunden wurde, und anbelangend sonstige kleine Zwiste — so sind sie alle de lana caprina und beruhen auf einem Missverständnisse des Sagittarius, welches kaum begreiflich ist.

Sagittarius sagt S. 56 deutlich:

„Ernst und seine zwei Frauen liegen im Münster St. Petri auf dem Berg zu Erfurt vor dem Gleichen'schen Altar (n. b. St. Barbarae) nach Anzeige des noch anwesenden erhabenen Leichsteins begraben — auf den Seiten um und um ist es mit Brettern eingefasst, daran vorne das Gleichische, auf einer Seite des Abtes Wappen, ein Hahn, auf der anderen Seite des Stifts St. Petri und Pauli Wappen angemalt ist."

Dass jenes „vor": „Angesichts" des Barbara-Altares heissen will, und also der Stein ursprünglich an der Wand gegenüber stand, ist sonnenklar.

Denn ohne Stütze konnte der Stein nie vor dem Altar gestanden sein — oder wenn man denn wollte, gelegen.

Diese Beschaffenheit nahm er erst, wie bald folgen wird, im 18. Jahrhundert an.

Er stand aber nicht nur an der Wand, sondern er stand begreiflich auch direct über den sämmtlichen Gebeinen in Frage.

So stand er von Zeit der Errichtung 1227 oder ein paar Jahr später an bis 1376, in welcher Zeit man vor Grab und Grabstein, also gegenüber, den St. Barbara-Altar errichtete, welcher Altar dann wieder, um Vieles später, Ao. 1718 aus der Mitte der Kirche, seiner bisherigen Oertlichkeit, nach der Seite amovirt wurde, ohne dass die ursprüngliche Errichtung, der Bestand und die Amovirung dieses Altares mit dem Monument und Grab an sich etwas zu schaffen gehabt und auf deren Oertlichkeit einen Einfluss ausgeübt hätten.

Mit Altar oder ohne Altar — Stein und Grab blieben nach wie vor an Ort und Stelle.

Wohl aber bekam der Grabstein zu Anfang des 17. Jahrhunderts in seinem Fundament eine Nachhülfe; später in dem gleichen Jahrhundert bekam er eine „Brettereinfassung", „NB. um ihn gegen weitere Beschädigungen zu schützen" — und noch später, 1718, also im 18. Jahrhundert, wurde er von der Wand genommen und auf das Grab gelegt.

Da nun dieses Grab ganz nahe an der Wand war, und man den Stein wohl ein wenig symmetrisch legen wollte, so wurde jenes Grab begreiflich nur von einem Theile des kolossalen Grabsteines bedeckt und der Stein traf wohl hauptsächlich nur noch auf die Gebeine der zwei Frauen, welche, wie gesagt, in einiger Höhe und Entfernung über und zu Füssen des Ernst III. bestattet waren, weniger aber auf Ernst III. selbst.

Hieraus erklärt sich nun auch auf das Hellste, weshalb v. F a b e r zuerst nur die Frauengebeine in der ovalen Oeffnung fand — worüber er auch befremdet war — und weshalb man dann (ein junger Franzose griff, wie T h i l o w, welcher die Untersuchung des Grabes fortsetzte, sagt, weiter) erst den einen bedeutenden Knochen fand, worauf dann Thilow sein Ziel vollkommen erreichte.

Etwas Anderes.

Es sind Angaben da: „Es hätten sich, so wie jene Jahreszahl 1227, früher auch zu Füssen der ersten Gemahlin auf dem Grabstein zwei, Andere sagen, mehrere kleine Kindergestalten befunden."

Wolf, Hondorf und Wittich thun solcher Kindergestalten Erwähnung.

Es wäre dieser Umstand, wenn die Angabe auch nur hypothetisch angenommen würde, ganz mit der Nachricht übereinstimmend, dass die zweite Frau Melechsala keine Kinder gehabt habe — und der Grabstein wäre insofern selbst ein klarer Zeuge der Sage gewesen, indem man eben der Melechsala keine Kinder zu Füssen setzte, der deutschen Frau des Ernst aber ja — und da die Kinder eben nur das Moment „K i n d e r" zu bedeuten gehabt hätten, so wäre die Zahl von keinem Belang. Die deutsche Frau war der Sage nach „kinderreich" — deshalb wären ihr überhaupt Kinder zu Füssen hingemeisselt worden.

Uebrigens ist kein Grund da, anzunehmen, weshalb sich die fraglichen Kindergestalten früher nicht wirklich auf dem Stein befunden haben sollten. Verschiedene thun derselben Erwähnung. Aber es spricht noch etwas ganz Anderes dafür, nämlich — der Ausdruck des Abt Gallus, welcher eine Brettereinfassung machen liess — „u m d e n S t e i n v o r w e i t e r e n B e s c h ä d i g u n g e n z u s c h ü t z e n."

Dieser Ausdruck spricht offenbar dafür, dass Einiges auf dem Stein unten war, weil ausserdem von vorgefallenen Beschädigungen nicht gesprochen werden konnte — und es müssen, diese betreffend, Tilgungen vorgekommen sein, denn am Stein, wie er jetzt erscheint, ist von Verstümmlungen nichts zu finden.

Es sei dahingestellt, wie jene Beschädigungen eintraten, ob bei Gelegenheit von Kirchenreparaturen durch Hinlegen oder Werfen schwerer Gegenstände, oder durch Muthwillen etc. — anzunehmen ist, dass diese Kindergestalten noch zu Abt Gallus Zeiten existirten, aber wohl so sehr Schaden gelitten hatten, dass sie keiner Reparatur mehr fähig oder werth waren. Da nun Abt Gallus, der für das „Alte" Pietät bewies, offenbar keine neuen Gestalten hinsetzen wollte, zog er vor, die verstümmelten alten gänzlich wegmeisseln zu lassen — worauf dann, um doch das Uebrige zu schützen, jene „Brettereinfassung" stattfand.

Der Thüre, mit welcher der Stein bedeckt war, und nach deren Oeffnung man den Stein zeigte, gedenkt Sagittarius (S. 56), obwohl er der Brettereinfassung erwähnt, nicht.

Diese Thüre wurde also wohl erst Ao. 1718 angebracht, als der Stein gelegt wurde.

Hiermit fällt auch die Angabe Crousa Chebre's wegen der Flachlegung des Steines als im Jahr 1678 und der dabei „angebrachten Thüre", denn Sagittarius sah den Stein gegen Ende des 17. Jahrhunderts noch, zwar mit Brettern eingefasst, aber stehend und ohne Thüre.

Ob Thilow die Jahreszahl 1227, von welcher er spricht, selbst noch Ao. 1813 sah, oder sich, ohne sie zu sehen, darauf verliess, dass sie wohl zu sehen sei, weil er wohl früher davon hörte, ist unentschieden; ist aber auch nicht relevant.

Es könnte aber immerhin der Fall gewesen sein und sich diese Zahl auf dem untern Theil des Grabsteines befunden haben, bis sie durch eine nochmalige Zurichtung des Steines bei Vornahme der Einsetzung in die Wand unterm grossen Christoph im Mariendom wegfiel. Am allernächsten liegt aber offenbar, dass bei den oben genannten Beschädigungen auch die, ohnehin nirgends als gross bezeichnete, Jahreszahl betroffen worden war, und dass sie beim Wegnehmen der Reste der Kindergestalten und dem Abschleifen des Randes mit verschwand.

Wie häufig übrigens eine solche Verletzung von Grabstein-Jahreszahlen durch verschiedene Ursachen vorgekommen sei, weiss Jedermann, indem in- und ausserhalb der Kirchen aller Orte solche Verstümmelungen wahrnehmbar sind, und zwar so bedeutend, dass die etwaige Sichtbarkeit einer einzelnen Ziffer keinen Werth mehr hat. So wird es wohl auch zu Gallus Zeit mit der Jahreszahl auf dem

„Gleichenstein" gewesen sein, weshalb der Abt die einzelnen, ganz undeutlich gewordenen Reste nicht schonen zu dürfen glaubte — und wäre dies nicht der Fall, sondern sie wäre zu Gallus Zeiten noch ganz vorhanden gewesen, ist nun aber nicht mehr da, so bliebe kein anderer Gedanken übrig, als man habe sie in einer, von besagtem Abt an bis in die spätere Zeit des XVIII. Jahrhunderts liegenden Zeit, absichtlich delirt.

Zum Schluss nech Etwas.

Unsere Behauptung, dass Ernst Ao. 1188 auszog und 1227 starb, ist oben fest aufgestellt.

Diesem entgegen steht zwar scheinbar Sighens Angabe der Sage, der zufolge der Graf Ao. 1227 mit Kaiser Friedrich II. ausgezogen sei.

Aber wenn man auch Sighen für den ältest „schriftlichen" Hauptzeugen „der Sage an sich" anzunehmen hat, so hat man ihn nicht für einen Zeugen der Zeit zu halten, in welche die Sache zu setzen ist.

Denn: Er unternimmt keine Kritik in Betreff der Zeit, sondern sagt ganz einfach:

„Ad haec tempora plerique referunt historiam nominatissimam comitis de Glichin etc."

Welch ein weiter Begriff dieses „referunt" sei, ist nicht erst auseinander zu setzen.

So viel aber ist klar, dass sich Sighen hier nicht kritisch verhalten wollte.

Nicht minder klar aber ist, dass der Ausdruck „plerique" die „Mehrereren", (welche wohl eben so wenig, wie er, kritisch verfuhren wollten und es sicher nicht in dem Grade gekonnt hätten) jedenfalls eine gute Zahl Solcher voraussetzte, welche (vielleicht in richtigem kritischem Instinkt) eben nicht für den Auszug des Grafen Ernst III. von Gleichen im Jahr 1227 waren, sondern für einen anderen — nämlich den allein noch bezüglichen früheren von 1188.

Zweiter Abschnitt.

Einzelnes

zum ersten Abschnitt von Ernst III., Grafen von Gleichen, dessen Doppelehe und dem Gleichen-Grabmal zu Erfurt.

1.

Näheres von dem, von Placidus Muth (und Anderen, siehe Nr. 6) für das Gleichengrab und Denkmal in Anspruch genommenen Grafen Sigmund I. und dessen Frauen, auch Kindern.

Dass dem Graf Sigmund das Grabmal nicht errichtet werden konnte, wurde aus Gründen des Styls nachgewiesen; eben so wie dargestellt wurde, er sei auch nicht etwa in das Gleichengrab gelegt worden, welches ursprünglich für Andere bestimmt war.

Wenn aber Letzteres dennoch?

Dem früher Gesagten sei hier beigesetzt, dass man dessfalls zur näheren Bezeichnung nothgedrungen jenes Denkmals (eines Anderen) Erwähnung hätte thun müssen und hätte man eben wegen der „Bedeutung" jenes Denkmals Anstand genommen, eine solche chronicale Bemerkung zu machen, es doch wohl zu sonderbar gewesen wäre, den Sigmund an einen Ort zu begraben, dessen man gar keine Erwähnung machen wollte.

Was zweitens die Frauen betrifft, so wäre derselben im Sampetrinum entweder zur je treffenden Todes- und resp. Begräbniss-Zeit Erwähnung geschehen — oder aber noch viel gewisser wäre die Inschrift auf dem bewussten Todtenschild nicht so, wie sie lautete. Am Wahrscheinlichsten aber wäre es, dass man durch einen besonderen Stein das stattgehabte Begräbniss des Sigmund zu seinen Frauen durch irgend einen besonderen Stein mit Inschrift angezeigt hätte, wozu am Fusse des grossen Gleichendenkmals hinlänglich

Raum gewesen wäre. Ein solcher war aber weder an dieser Stelle, noch an einer anderen der Kirche des St. Petersklosters bekannt.
Wenden wir uns nun näher zu den Frauen.
Die erste Frau des Sigmund, Agnes von Querfurt, starb Ao. 1461. Um diese Zeit war Sigmunds Leben gar bewegt. Er wollte zum heiligen Grab mit Herzog Wilhelm, ritt aber schon am 3. April zu Eichstädt von ihm; darüber gab es schweren Streit und es bedurfte vieler Vermittlung (Sag. S. 347). Sogleich darauf verfiel er wieder mit Wilhelm in Streit, da er von der Cour zu Gotha ohne Urlaub zum Erzbischof Ditther nach Mainz ritt. Da bedurfte es wieder vieler Bemühungen, den Frieden herzustellen. In Mitte dieser und anderer Troubles hatte er nun wohl zu viel unliebe Störungen, als dass er daran dachte, seiner verstorbenen Frau Begräbniss nach Erfurt zu veranlassen.

Uebrigens ist eine Urkunde da, welche sagt, dass er im Juni zu Hause war (Sagitt. S. 347), entweder zu Tonna, wie die Titulatur, oder zu Ordruff, dem Gegenstande nach.

In dieser Urkunde präsentirt er dem Stift St. Severi in Erfurt seinen Vicar Thielemann Berthold für seine Kirche St. Peter in Ordruff. Da er nun zu Tonna, wie zu Ordruff, je eine Kirche hatte, so wird er, wenn er beim Tod der Agnes zugegen gewesen, und entweder dort oder am letztgenannten Ort lebte, sie wohl in eine jener Kirchen begraben haben lassen — um so sicherer, wenn der Tod der Agnes kurz vor seiner beabsichtigten heiligen Grabfahrt stattfand. Fand derselbe aber in seiner Abwesenheit statt, so begrub man die Agnes gewiss in die je am Orte befindliche Kirche, und starb sie während der besagten Wirren, so fand diess eben so wahrscheinlich statt.

Weiters wird bei Gelegenheit der Besprechung Sigmunds von 1483 mit dem Convent des Lieben Frauenstiftes auf der Burg zu Querfurt wegen eines „Seelgeräthes" für den Vater der Agnes, Protz von Querfurt, und sie selbst (Sagitt. 360) keine Erwähnung gethan, dass sie zu Erfurt begraben liege.

Viel näher läge es, dass, wenn man die Leiche denn wegschicken wollte, und es, angenommen, der Erfüllung des letzten Wunsches der Agnes galt, man sie zu der des Vaters nach Querfurt geführt und bei derselben beerdigt haben möchte.

Ist nun Agnes nicht zu Erfurt begraben, so ist es eigentlich überflüssig, da es sich um zwei Frauengerippe handelt, welche

Thilow fand, von der Katharina von Schwarzburg zu reden. Auch von ihrem Begräbniss existirt keine Nachricht im „Sampetrinum". Sie liegt eben auch entweder zu Tonna — oder zu Ordruff in St. Peter — welche letztere Kirche wahrscheinlich schon zu Agnes Zeiten den Carmelitern zustand, die schon von Ernst, dem Vater Sigmunds I. und dann von diesem selbst protegirt wurden, worüber vor und nach dem Tode der Agnes viel hin und her geschrieben wurde zwischen Hans Gleichen-Tonna und dem Official zu Fritzlar, wie den Domherren zu Gotha. Letztere zwei Theile sahen jene Protektion nicht gerne, ohne dass es ihnen aber nachweislich je gelungen wäre, dem Kloster- und Kirchenbau an der Stelle des alten, verwüsteten Domes zu Ordruff Einhalt zu thun.

Zu Alledem kommt, dass der eine der zwei Frauenschädel, welche sich 1813 fanden, türkisches Gepräge hat, und was hätte dieser Umstand mit der Agnes von Querfurt und der Katharina von Schwarzburg zu schaffen?

Was nun die Succedenz des Sigmund I. und seiner Frauen betrifft, so ist — wenn man auch auf sie reflectiren wollte, um doch etwas mit Sigmund (der in das alte Gleichengrab gelegt worden wäre) in Verbindung zu bringen — auch hier keine Annahme begründet, als gehörten die in der ovalen Oeffnung gefundenen Gebeine zweien Mitgliedern der Sigmund'schen Familie an — ganz abgesehen, ob es weibliche Gebeine sind.

Gehen wir der unmittelbaren Familiensuccedenz Sigmunds I. nach:

Sein ältester Sohn Sigmund II. starb (am 10. April) 1525 und wurde in der Pfarrkirche zu Gräfentonna begraben.

Inschrift:

Anno Domi 1525 . auf . Dinstag . nach . Palmarum · ist . verschieden . der . wol-gebore̅ . un . edel . Her . Her . Sigismundt . Graffe . zu . G. u. H. zu Thonna . den Gott gnad.
(Sagitt. S. 376.)

Die nächsten zwei Söhne scheinen ganz früh gestorben zu sein und sind so unbedeutend, dass man gar nichts von ihnen wüsste, wenn ihrer nicht, da sie noch ganz jung waren, bei Gelegenheit von Reisen ihrer Stiefmutter Erwähnung geschehen wäre.
(Sagitt. S. 365.)

Diese Zwei wird man also wohl nicht besonders nach Erfurt gebracht haben, als sie zu verschiedenen Zeiten starben — um so weniger, als Vater Sigmund selbst seine erste Gemahlin nicht hatte dahin bringen lassen.

Was schliesslich die Tochter Sigmunds I., Margaretha, betrifft, so überlebte sie den Ao. 1515 eingetroffenen Tod ihres Mannes, des Grafen von Honstein, lebte zu Salfeld und wurde dort begraben.

Es ist also gar keine Handhabe da, anzunehmen, dass die Gebeine der zwei Frauen Sigmunds I., oder die einer derselben und etwa einer ihrer Töchter im Grab zu Erfurt gefunden werden konnten — die Söhne fallen selbstverständlich ohnehin aus — und von Sigmund I. selbst ist auch nicht annehmbar, dass er in das alte Gleichengrab gelegt worden sei, in welchem doch jedenfalls schon drei begraben lagen, denn die gesammelten Gebeine zweier Personen unter solchen Umständen setzen das Begräbniss eines Dritten unter ihnen voraus.

Setzen wir aber diese Beisetzung Sigmunds I. denn doch als denkbar — wie fällt diese Annahme sogleich in Nichts zusammen, wenn wir fragen — wo sind denn die Gebeine jenes Dritten geblieben — mit welchem jene in der ovalen Oeffnung gefundenen Gebeine in Beziehung stehen??

Hic Rhodus, hic saltate, Placide Muth et Consortes!!

Greifen wir die Sache im Hinblick auf diese letzteren Gebeine an.

Entweder hätte man sie, als Sigmund I. begraben werden sollte, unberührt gelassen, daneben für Sigmund das Grab gegraben und ihn dann dahingelegt.

Diesfalls hätte 1813 man nebst den Gebeinen des angeblichen Sigmunds auch noch sämmtliche Gebeine jenes Dritten finden müssen, was nicht der Fall war.

Oder — man hätte die Frauengebeine herausgenommen, und wenn auch dies nicht, doch die Gebeine des Dritten, damit Sigmund allein im unteren Grabe zu liegen käme.

In diesem Fall hätte man aber die Gebeine des Dritten gewiss zu jenen in der Oeffnung gelegt, gleichgültig, ob sie in dieser ovalen Form schon da war, oder ob sie erst so gebildet worden wäre.

Bekanntlich fanden sich aber in der Oeffnung nur die Gebeine zweier Frauen.

Wie, oder sollte der früher Verstorbene, der Dritte, ursprünglich so tief gelegt worden sein, dass man den Sigmund begraben hätte können, ohne auf Jenen zu stossen?

Die ovale Oeffnung (Thilow S. 5) war 6 Fuss tief. Die ganze Tiefe des Grabes 10¼ Fuss. Wenn nun noch unter dem Sigmund ein Dritter gelegen wäre, so wäre, für Diesen auch nur 4—5 Fuss angenommen, zuerst eine Grabestiefe von c: 15 Fuss vom Kirchboden an bestimmt worden, welche keinen Zweck hatte, weder an sich — noch wegen der unnöthig grossen Distanz der Frauengebeine von denen des Dritten; denn das möglichst „nahe Beisammen" war und ist ja eben objektiv und subjektiv die Sache der Pietät in solchen Fällen.

Da also gar kein Grund da ist, anzunehmen, dass unter dem angeblichen Sigmund Ao. 1813 noch ein Dritter gelegen sei und jetzt noch an seinem Ort liege, und weder für die Begräbniss jenes Sigmunds, noch weniger seiner Frauen oder einer derselben und einer Tochter irgend Etwas spricht, vielmehr Alles dagegen — so mögen die Ao. 1813 gefundenen, männlichen Gebeine wohl jedem Anderen angehört haben, als dem Sigmund — aber auch keinem Anderen als Ernst III., weil nachgewiesen ist, dass der Stein auf Niemand Anderen Bezug haben kann, als ihn und beziehungsweise seine zwei gleichzeitigen Gemahlinnen.

Im nochmaligen Rückblick auf die Frauen und Kinder Sigmunds ist am Verwunderlichsten dieses: Dass dem seligen Hellbach, welcher dem Dr. Placidus Muth wegen Sigmund beistimmte, wobei implicite die Frauen mit in das Spiel kamen — wie vorsichtig da auch verfahren wurde — nicht die Betrachtnahme jener Zeitumstände und Sachlagen die Feder aus der Hand nahm, welche Zeitumstände und Sachlagen er in seinem „Archiv für Geographie, Geschichte und Statistik der Grafschaft Gleichen und ihrer Besitzer" selbst auf S. 188 und 189 notirte, und unter deren Berücksichtigung er sich obige Fragen gewiss selbst aufwerfen hätte müssen.

Was den, für die Gleichensage so unglückseligen, nun aber hoffentlich, nach einiger Purgation, auch seligen Dr. Placidus Muth betrifft, so kann es wohl sein, dass ihm bei Durchlesung des genannten Hellbach'schen Buches einige Zweifel über seine eigenen, in der „Disquisitio" gestellten, Behauptungen aufkamen, aber er hielt es wahrscheinlich nicht für nöthig, sich und seinem Partisan für Sigmund ein Dementi zu geben.

2.

Wesentliche Bemerkungen über das „Sampetrinum" in Hinblick auf den Kreuzzugs-Mitantritt Ernst III., den Tod des Letzteren, dessen Begräbniss und die Errichtung des Gleichen-Monumentes.

Wir geben irgend einem geehrten Gegner selbst Waffen in die Hand, wenn wir ihn aufmerksam machen: Dass das Sampetrinum ad Ao. 1188 bei Gelegenheit der Betonung Jener, welche sich das Kreuz (— zu „Erfurt" irgend in einer Kirche, wohl im Dom oder in der Klosterkirche von St. Peter — ? ? lassen wir selbst das letztere gelten!) anhefteten, Graf Ernst III. von Gleichen nicht genannt ist.

Die Antwort hierauf ist:

Es werden da nur Etliche namentlich angeführt, nach deren Nennung es heisst: „et alii principes, Comites et Nobiles", unter welchen Ernst III. sehr wohl sein konnte, um so mehr, als er noch keine berühmte Gestalt gleichzeitiger Geschichte Thüringens bildete.

Uebrigens ist, um jenes „gelten lassen" zu neutralisiren, eben im Sampetrinum nicht gesagt, dass die Genannten und Ungenannten sich das Kreuz sämmtlich zu Erfurt anhefteten. Es ist auch kein Grund dafür da, weshalb der Landgraf und die anderen „Genannten", wie „Ungenannten", besonders nach Erfurt gekommen sein sollten; denn sie hatten an allen ihren Aufenthaltsorten Gelegenheit, den gefassten Entschluss zu signalisiren.

Eben so wohl nun sie es anderwärts konnten, konnte es Ernst III. auch zu Gleichen, oder wo er sonst war. Und wenn er sich auch, wie etwa einzelne Andere, im Verlauf einiger Wochen oder Tage das Kreuz wirklich zu Erfurt angeheftet hätte, so wurde dieses eben betreffs Seiner nicht speciell notirt, wie es auch betreffs Anderer, die sich noch bereit erklären mochten, nicht einregistrirt wurde.

Aber er war doch einmal ein Sohn des mächtigen Grafen Erwin, welcher nebst seiner Descendenz doch für Erfurt hinlänglich notabel war.

Allerdings; dies wäre am Ende doch ein Grund gewesen, wenn die Kreuzanheftung keines Nachgefolgten, doch die des Ernsts zu notiren.

Aber eben darin, dass die Nennung des Ernsts selbst bei dieser Rücksichtsnahme **nicht** geschah, liegt ein grosser Beweiss, dass er sich **nicht** zu Erfurt zum Kreuzzug erklärte, sondern den Entschluss wohl auf der Burg seines Vaters zu Gleichen fasste und an entsprechender Kirchenstätte den Act der Kreuzanheftung vornahm — dass aber Ernst III. dem Kreuzzug überhaupt sich **nicht** anschloss, geht aus dem Schweigen des Sampetrinums gewiss nicht hervor.

Wenn es nun gewiss nicht gegen die Theilnahme des Ernst III. am 1188ger Kreuzzug, resp. gegen den Mitantritt desselben spricht, dass der Graf vom Sampetrinum zu diesem Jahre nicht genannt wird, so gewähren wir einem ehrenfesten Gegner einen noch viel wichtigeren Einwand, nämlich diesen: Dass das Sampetrinum nirgends eine Notiz über die „Begräbniss" des Ernst III. in der St. Petersklosterkirche giebt; ja nicht einmal den **Tod** desselben notirte es.

Ganz richtig.

Aber es wurde auch **nichts** über **Tod** und **Begräbniss** seines älteren Bruders **Lambrechts** II. notirt, der doch Hauptschirmvogt des Klosters war; und wenn auch eine Bemerkung über die „Begräbniss" des Lambrechts deshalb unterblieb, weil er höchst wahrscheinlich nicht in der St. Petersklosterkirche begraben wurde, so wäre er doch wahrlich wichtig genug gewesen, um mindest eine Notiz über seinen Lebensausgang zu veranlassen. Zudem lag in Lambrechts Leben kein Moment vor, welches der Kirche Grund bieten konnte, ihn mit etwas missgünstigem Auge zu betrachten und desshalb seinen Tod absichtlich zu ignoriren.

Ganz anders ist die Sache mit **Ernst** III., dem Bruder Lambrechts, beschaffen.

Wenn auch im XV. Jahrhundert **Nicolaus** v. **Sighen**, unter Nichtwiderspruch des treffenden Abtes, die einmal geläufig gewordene Sage notirte — und wenn hinwieder später — trotz aller, wohl überwiegenden Ungeneigtheit der weiteren Coenobial-Vorstandschaft, auch nur die „**Möglichkeit**" der Erlaubniss einer Doppelehe vor der Welt, auf etwaige bestimmte Anfrage hin, als sehr wahrscheinlich gelten zu lassen — keine Veranlassung genommen wurde, die Sighen'sche Stelle zu deliren (dies wäre weit denkbarer, als die nachträgliche **Einschreibung** zuzulassen) — so ist andererseits gar keinem Zweifel unterworfen, dass die Doppelehe des Ernst III. primär, im XII. und XIII. Jahrhundert, eben in der Ueberzeugung von der wirklich stattgehabten Erlaubniss, beim Convent, resp. bei der Vorstandschaft desselben, keinen gar zu grossen Beifall errungen haben dürfte.

Man war eben päpstlicher, als der Papst — ein allgemein gangbarer Ausdruck, welcher zu allen Zeiten, z. B. im politischen Leben, eine oft weit gültigere Bedeutung, ja Nothwendigkeit der Anwendung, für sich hat, als man in der Regel meint, man möge nun in dem oder jenem Lager stehen, worüber wir uns in unseren rein kritisch historischen Excursen nicht weiter zu verbreiten haben.

Wenn also der Tod Ernsts III., wie aus dem vorgängigen I. Abschnitt ersichtlich ist, zweifelsohne im Jahr 1227 erfolgte, so lag es nach der in der St. Petersklosterkirche vorgegangenen Bestattung sicher nicht in der Liebhaberei eines damaligen Chronisten, oder auch in seiner Art von Pflichtgefühl, die Begräbniss des Grafen aufzuzeichnen, welchen er, in Folge clerical begreiflich sehr geringer Sympathie, wahrscheinlich weit lieber in irgend einer anderen Kirche begraben gewusst hätte, als gerade in der dem St. Peterskloster zugehörigen — des Grafen und seiner zwei Frauen, von deren noch früherem Begräbniss aus gleichen Gründen früher auch keine Notiz genommen worden war.

Das „Begraben" und dann folgend das „Grabmal" mit Zahl konnte freilich nicht verhindert werden. Ernst III. war einmal der Bruder Lambrechts II., des mächtigen Schirmvogtes.

Aber die chronicalen Einschreibungen unterblieben 1227 und konnte Sighen die „Sage" nicht umgehen, das in jener Beziehung etwa Bekannte musste er weglassen, um nicht kommenden Zeiten einen Beweis von Seite des Klosters selbst zu ermöglichen. Wer immer die Nachfolger zu St. Peter in künftigen Jahrhunderten fragen mochte, ob und wie etwas mit Ernst III. und seiner Doppelehe wirklich und richtig beschaffen sei, dem sollte mindest ruhig das Sampetrinum aufgeschlagen werden und mit gutem Gewissen gesagt werden können: „Es gehe wohl die Sage; aber es sei offenbar doch eine sehr zweifelhafte Sache, indem sich nirgends etwas notirt fände, weder in Betreff des Todes und Begräbnisses des Grafen Ernst III., noch auch betreffs der noch früheren Bestattung der zwei Frauen desselben, noch auch betreffs der Errichtung des Gleichensteines an sich."

Der Verfasser vorliegender Abhandlungen ist nicht gewillt, bei Andeutung dieses kaum streitigen Sachverhaltes die Schuld der früher je einschlägigen Aebte als eine, wenn auch nicht ganz vorwurfsfreie, zu übermässige, mindest der Absicht nach, hinzustellen. Man war, wollen wir sagen, nicht so fast dolose im eigentlichen Sinn des Wortes, sondern zuerst bei der Ausserachtlassung einer Notirung mehr halbbewusst culpos. Man unterliess sie eben so oder so vor der Hand und so weiter; schliesslich aber allerdings in der tendenziöseren, clerical richtigen Betrachtung: dass, wenn der Papst in ausserordentlichem Ausnahmsfalle eine doppelte Ehe nicht verhindert habe — um einem, Kaiser und Reich und der Kirche möglicher Weise noch in Vielem nützlichen Grafen das Bewusstsein zu lassen, er habe das Wort eingelöst, welches er (unter Voraussetzung päpstlicher Einwilligung und derer seiner ersten Frau) gegeben hatte, und um gleichzeitig in Melechsala eine kirchlich exotische Seele für das Christenthum zu gewinnen — dass sagen wir, dieses eine Beispiel nicht in der Zukunft ausgebeutet werden dürfe — und sicher gerade von Solchen, welche nicht gleichbedeutende Gründe für sich hätten, wie sie Ernst III. hatte, sondern welcher von sich aus eine Bigamie belieben könnte, und wer weiss, mit nicht viel weniger Recht dann auch noch eine Trigamie und so weiter.

In einer solchen sinnvollen Culpa, oder, wenn man denn um jeden Preis wollte, in einem solchen, aber für die Kirche und die Gläubigen herzlich gut gemeinten, kleinen dolus unterliess man die verschiedenen, fraglichen Einzeichnungen in die Spalten des Sampetrinums, und man that im Grunde nicht mehr, als schon gar oft geschah und noch, wenn möglich, heute zu Tage von sämmtlichen christlichen und anderen Confessionen, politischen Parteien und deren Führern geschieht. Nämlich, dass man gerne über jene Momente hinweggeht, welche man — unter exceptionellen Umständen der Gewalt, der nicht gehörigen Einsicht, der zu grossen Gefügigkeit einem Einzelnen gegenüber — als unfreie oder freie „Excedenz" zwar factisch durchaus nicht läugnen kann, aber sie nicht als Beispiele für Andere und für künftig hinstellen will, vielmehr sie möglichst entwerthet, oder wo möglich ganz ignorirt. Es geschieht in der Hoffnung, dass einmal die Wellen der Zeit darüber völlig zusammenschlagen möchten, und sich doch wohl nicht, gerade ehe dieser Zusammenschlag erfolgt, noch ein Freund der Wahrheit finden dürfte, der da riefe: Halt! und dann noch einmal mit sicher prüfendem Blick in die Abgründe der Vergangenheit blicke.

3.
Von Ernst III. im Hinblick auf die „effective" Natur des 1188ger Kreuzzuges.

Es ist nirgends gesagt, dass Ernst III. einen vollkommen gewordenen Kreuzzug „mitmachte". Es erhellt nur, dass er ihn „mit antrat". Aber wie und wo er ausgezogen sei und wie viel er geleistet, wird nicht gesagt; er wollte offenbar in den Orient, und darin werden die ihn mehr oder minder erfolgreichen Massenbewegungen nicht gehindert haben. Einmal auf dem Weg, wollte er so weit als möglich und an das Ziel. So hielten es vor und nach ihm (Kreuz-) Pilger einzeln — „einzeln" sagen wir oder „gruppenweise", wie von Deutschland aus Viele, so von einem Kreuzheer weg. Wir erinnern an Spezialzüge von im Ganzen geringer Zahl, so zum Beispiel an den Zug Herzog Heinrichs des Löwen und anderer, die in nicht grosser Menge aufbrachen, oder sich bei Hindernissen eines Kreuzheeres doch vom weiteren Verfolg nicht abhalten liessen, wobei gar viele Fürsten, Bischöfe, Prälaten, Grafen und Ritter, ja selbst einzelne Fürstinnen und Gräfinnen Gefahren aller Art trotzten. Sie kamen theils mit Heil davon, theils unterlagen sie, entweder im Tod bei Kämpfen oder in Folge von anderen Unglücksfällen; manche durch Entbehrungen; gar Manche geriethen in Gefangenschaft, wobei sie Sklaven wurden, wie es Ernst III. widerfuhr; und was die eine oder andere Fürstin und Gräfin, welche mitzog, betrifft, so wurde ihr das Schicksal, als europäischer Contingent zum Harem irgend eines Sultans oder sonstigen hohen Gebieters zu figuriren.

4.

Rückblick auf Thilow's Mittheilung über die weibliche Charakteristik der zwei in der ovalen Oeffnung vom Regierungsrath v. Faber gefundenen Häupter.

Ueber die fraglichen zwei Häupter haben sich Thilow, Professor der Anatomie und bekannt tüchtiger Osteologe, seinerseits — und mit ihm „mehrere Kenner (S. 19 s. Schrift), welche sie bei ihm in genauen Augenschein nahmen" — (die Häupter waren damals noch um Vieles vollständiger, während sie jetzt durch Zeit, Betasten, etwaiges Rütteln beim Hin- und Hertragen, gelegentlich der früheren Domrestauration, und wohl auch in Folge von Alterthum-liebender Beraubung in einzelnen Theilen sehr beschädigt sind), hinlänglich ausgesprochen (S. 17 infra bis S. 21 incl.).

Alle wissenschaftlich möglichen Unterscheidungen des männlichen und weiblichen Knochengebäudes im Ganzen und Einzelnen sind auf die in Frage stehenden Gebeine angewendet worden, und nachdem Thilow die Merkmale offen vor die Welt und besonders die ärztliche hinstellte, wie sie noch zu lesen sind, kam er zum Ausspruch:

„An den vor mir liegenden Gebeinen (als er dies schrieb, hatte er sie noch in seiner Wohnung) sind die erörterten und noch andere Merkmale weiblicher Abstammung ganz unverkennbar. Von diesen aufbewahrten Knochen verdienen die zwei weiblichen Köpfe besondere Aufmerksamkeit, weil einer derselben, hinsichtlich des Geschichtlichen der Gleichischen Familie, einige gediegene Aufschlüsse darbietet. An weiblichen Knochenköpfen wird in der Regel angenommen, dass sie am Gewichte in Vergleichung zu allen übrigen Knochen schwerer sind, wie 1—6, im männlichen dagegen wie 1—10. Obgleich durchaus das weibliche Gerippe kleiner, als das männliche ist, so erscheint dennoch die Hirnschaale, zu den Gesichtsknochen verglichen, grösser. Alle Löcher der Hirnschaale sind enger als beim Manne. Diese normalen Eigenthümlichkeiten lassen keinen Zweifel obwalten: dass jene beiden Köpfe weiblichen Individuen angehörten" u. s. w.

Wenn nun auch ein nicht unwesentlicher Führer zur Vergewisserung, dass ein Knochenhaupt ein weibliches gewesen sei — nämlich der meist gelindere, innere, rechte Winkel der Mantibula, wo sie vom mehr Vertikalen in die horizontalere Richtung geht —

jetzt nicht mehr wahrnehmbar ist, weil das Betreffende fehlt, und auch schon von Thilow Vieles als fehlend bezeichnet wird, so ist Letzterem doch mehr vorgelegen, aus welch Sämmtlichem er aber nirgends einen Anlass zu Zweifeln hatte, dass er weibliche Häupter vor sich habe, was besonders auch auf das türkische Haupt von Belang ist, da dieses zur Zeit am Meisten demolirt erscheint.

Auch was er beschreibend über den Befund S. 19 angiebt, sei hierher gesetzt:

„Die linke Obermaxille der ersten Gemahlin hat alle acht Zahnzellen und zwei fassen noch sehr gesunde Zähne (die rechte Maxille ist zernichtet) und die untere Maxille enthält nebst sieben Zähnen sieben Zahnzellen, zwei sind verwischt. Der ganze Oberkinnbacken der Sarazenin (resp. Türkin) zeigt alle 16 Zahnzellen, in welchen noch zwei gesunde Zähne vorhanden sind. Die untere Maxille fehlt. Alle noch gegenwärtigen Zähne sind von „kleiner, netter Form", so auch die ganz reinen Zahnzellen, welche letztere den klaren Beweis geben, dass bis zum Tod in allen noch brauchbare Zähne zugegen waren. Vorzüglich „gerundet und elegant" zeigen sich die Zahnzellen und jene Zähne bei der Sarazenin (Türkin)."

Hierauf ergeht sich Thilow in der Charakteristik des türkischen Schädels:

„Der vorhin erwähnte, in der fraglichen Grube gefundene Kopf ist von dem anderen, bei ihm gelegenen, weiblichen Kopf sehr merklich verschieden, weil ersterer kugelich, letzter aber minder gerundet ist. Bekanntlich hat der Türke den allerrundesten Kopf, welches durch genaue Vergleichung mit anderen ermittelt wurde, wie u. A. Blumenbach durch eine instructive Abbildung dies zu Tag legt. Ausser jener kugelichen Gestalt finde ich ganz genau an dem vor mir habenden Schädelknochen der zweiten Gemahlin des Grafen von Gleichen noch folgende, der türkischen Nation eigenthümliche Merkmale. Das Hinterhaupt ist minder vorstehend, die Stirne ist breit mit vorstehender Stirnglatze und die Gruben des Unterkiefers erscheinen leicht ausgeschweift, welche an dem Kopf jener ersten Gemahlin und bei der Vergleichung nicht auszufinden sind. Ich habe zu noch mehrerer Bestätigung dieser nicht alltäglichen Gegenstände mehre in meiner Sammlung anatomischer Präparate sich befindende, europäische weibliche Köpfe mit jenem der Türkin in Vergleich gestellt und bei keinem das Auszeichnende und Charakteristische finden können, wie bei diesem Kopf. Zu noch mehrerer Begründung untersuchte ich durch genaue Ausmessung die Dimensionen der Schädelknochen. An einem weiblichen Kopf (einer Europäerin) war der Durchmesser von einem Schlafbein zum anderen $5\frac{1}{4}$ Zoll. Von der Glatze bis zur linea cruciata des ossis occipitis 7 Zoll. Höhe vom Zapfen des Grundbeines bis zum vertex $4\frac{1}{4}$ Zoll und von der Spitze des Zitzenfortsatzes bis zur Mitte der Sutura coronalis $5\frac{3}{4}$ Zoll.

Bei der unternommenen Ausmessung an den Schädelknochen der ersten Gemahlin des Grafen Ernst ergab sich, dass die erörterten Durchmesser genau wie die vorhin gedachten waren.

Merklich abweichend erschienen die Diametra an dem Schädel der Sarazenin (Türkin). Von einem Schlafbein quer zum anderen gemessen gab $6\frac{1}{4}$ Zoll. Von der Glatze bis zur Linea cruciata des Hinterhauptes $6\frac{3}{4}$ Zoll. Höhe vom Zapfen des Grundbeines bis zum Vertex $4\frac{3}{4}$ Zoll und von der Spitze des Zitzenfortsatzes bis zur Mitte der Sutura coronalis $6\frac{1}{4}$ Zoll. Durch diese Verhältnisse erhielt der Kopf eine mehr gerundete Form und zeichnete sich sogleich augenfällig vor jenem aus. —"

Dazu kömmt die von Thilow annahmsweise, aber ganz richtige Anmerkung: „Da bekanntlich einige Nationen den Neugeborenen durch Pressen und Drücken dem Schädelknochen irgend eine beliebige Form geben, so sollen auch die Ammen der Türken die kugelige Form des Kopfes erzwingen."

So Thilow, der, wie gesagt, zu seiner Betrachtung (besonders hier das Haupt der Melechsala im Auge gehalten) so viel mehr vor sich hatte und dem eine schärfer rechtwinklichte Gestaltung der Innenseite der Mantibula, als ein bedeutendes Anzeichen für männliche Geeigenschaftung, gewiss nicht entgangen wäre. Hätte ihm nun aber dieses Betrachtungsobjekt, wie nicht, gefehlt, wie es uns jetzt fehlt, da von der ganzen unteren Parthie nichts mehr vorhanden ist, so wäre daraus kein Beweis „gegen" die weibliche Herkommenschaft des Hauptes in Frage bei so vielen anderen Merkmalen „dafür" entsprungen — sondern es wäre Thilow nur ein Beweis weniger vorgelegen, dass es ein weibliches Knochenhaupt sei, um das es sich handle, welches aber sicher der türkischen Race angehörte.

Es wurde unlängst bei einer Gelegenheit von einem Einzelnen die Meinung aufgestellt, das eine Haupt (der Melechsala) sei am Ende das eines jungen Mannes.

Nachdem alle Kennzeichen weiblicher Herkommenschaft im „für" ausgesprochen und der Mangel eines einzelnen neutralisirt ist, so ist nicht abzusehen, in wiefern eine solche Ansicht je Platz zu greifen, Hoffnung haben wollte. Wie denn auch die Dimensionen der Frauenschädel mit der ganzen Sachlage in ganz natürlichem Verhältniss stehen, womit nicht gesagt ist, dass sie als besonders gross erscheinen; sie sind nur nicht auffallend klein.

Der mächtig grosse Graf Ernst III. von Gleichen wird sich nämlich ohne Zweifel nicht eben zur ersten Gemahlin eine, an Gestalt ganz unscheinbare Jungfrau gewählt haben, und bei einer erhabeneren Gestalt war begreiflich auch das Haupt bedeutsamer. Beziehungsweise hätte er es bei Melechsala auch so gehalten; wenn er übrigens da keine Wahl gehabt, so liegt doch wahrlich nahe, dass eine Persönlichkeit, welche, wie Melechsala, solcher Entschlüsse und Ausdauer fähig war, und gleich wie die deutsche Frau, einer früheren, stärkeren Generation angehörte, schon an sich bedeutsamer erschien und so wohl kein ganz meskines Haupt auf dem Nakken trug, ungezählt, dass die Maase von Thilow in vergleichender Messung solcher „unbezweifelter" Frauenhäupter genommen wurden, welche auf ungefähr gleiche Höhe der gesammten, leiblichen Erscheinung der früheren Besitzerinnen mit jener der deutschen und der dem Orient entstammten Frau des Ernst schliessen liessen.

Nach dem Ausspruch des rühmlichst bekannten k. b. Adjunkten an der Anatomie zu München, Herrn Dr. Rüdinger, und mehrerer Aerzte finden sich an dem, was noch vom Haupt der Melechsala vorhanden ist, sehr viele Hindeutungen auf die weibliche Herkommenschaft, wie denn auch der Vergleich mit den türkischen Schädeln der einschlägigen Sammlung das türkische Gepräge jenes anderen vor Augen rückte. Bedauert wurde nur, dass das Uebrige am Schädel fehle, wofür sich aber die früheren Betrachtnahmen Thilow's hülfreich erzeigten.

Da nun kein apodictischer Beweis zu führen ist, dass das fragliche Haupt kein Frauenschädel sei, aber so vieles und Alles dafür spricht, dass es ein solcher sei und alle Gründe des Fundortes im Einklang mit der Sage dafür zeugen, so ist nicht abzusehen, weshalb an einer innerlich und äusserlich gesicherten Sache zu zweifeln sein sollte, nur um zu zweifeln.

Wie wir aber nirgends ungeneigt waren, Anderen Waffen in die Hand zu geben, so geschehe es auch hier; allerdings ist es hier nur das Geltenlassen einer „vermeintlich" berechtigten Behauptung.

Gut, es sei das fragliche Haupt, wie nicht, das eines jungen Mannes.

Auf dies antworten wir einfach:

Wenn schon im Grabe, welches Muth und Consorten für Sigmund I. vindiciren wollten, ein Türkinnenschädel etwas unmöglich Gangbares gewesen wäre, so wäre es gewiss nicht minder ungangbar, im nachgewiesenen Grabe des Grafen Ernst III. den Fund eines Türkenschädels anzunehmen, und noch dazu eines Türkenschädels im Verein mit dem Haupt und Gebeinen einer weiblichen Person; ja nicht allein dies, sondern eines Türkenschädels, zu welchem seinerseits selbst weibliche Gebeine gehören mussten — denn ein weiteres drittes (etwa weibliches) Haupt fand Faber in der viel besprochenen ovalen Oeffnung der Erde nicht vor.

Uebrigens wurde der Fund des Hauptes der Melechsala zu hoch angeschlagen.

Jener Fund bildet nach allem Früheren freilich ein äusserst schätzbares „Bene" für die Beweisführung des bigamischen Verhältnisses des Ernst III.

Aber möglicherweise konnten alle Gebeine zerfallen, und nicht mehr untersuchbar gefunden werden, ja es konnte, in Folge früherer Vorgänge, gar nichts gefunden werden; die Sage, die chronicale Aufzeichnung und der, damit in Verbindung tretende, bedeutsame Gleichenstein wären denn doch da, sprächen für eine Thatsache und hätten dem treuen Betrachter der Geschichte und Sachlagen — der sich weder durch die Ignorirungen von Seite des Sampetrinums in grauer Vorzeit, noch durch die Verwirrung und den Spott Dr. Muths und der, selbst ganz unsicheren, Anhänger desselben, beirren lassen konnte — auf positivem, hereinholenden und excludirendem Wege ermöglicht, darzustellen: Was sein und nicht sein konnte und, beim Mangel der Quadrirung auf alle Andern, auf Ernst III. quadriren müsse.

5.
Von der angeblich stattgehabten Beerdigung der im Gleichengrab Ao. 1813 gefundenen Gebeine.

Crousa Chebre und Andere waren der Meinung, die Gebeine des Grafen von Gleichen seien am 13. Februar 1835, laut Rescript vom 8. Mai 1832, im Mariendom zu Erfurt „beigesetzt" worden. Diese Meinung beruhte auf irgend einem Missverständniss.

Der Hergang mit den fraglichen Gebeinen ist dieser: Medizinalrath Professor Thilow hatte die Gebeine
(vide S. 6 seiner Schrift: „**Beschreibung des Grabes und der Gebeine des Grafen Ernst III. von Gleichen und deren seiner beiden Weiber**", Gotha und Erfurt 1836, Anhang der Döring'schen Volkssage vom Grafen von Gleichen)
zuerst in einem, ihm vom Regierungsrath v. Faber (im Peterskloster) angewiesenen Zimmer. Wegen Gefahr bei drohender Beschiessung liess er sie nebst Anderem in das Anatomiegebäude bringen, nach der gefährlichen Katastrophe aber in seine eigene Wohnung. Hier blieben sie. Das Weitere ergiebt sich aus dem Schluss der Thilow'schen Schrift:

„Jene Gebeine der Graf Gleichen'schen Familie sind vermöge einer Verfügung der königlichen Regierung hier am 8. Mai 1832 am 13. Februar a. c. (1836) in der hiesigen Domkirche „aufbewahrt" worden."

Nach Thilows Tod am 24. August 1836 wurden die Gebeine von seinem Sohn, dem 1858 † Dr. M. W. Thilow noch einmal recognoscirt und förmlich übergeben und blieben laut der Anthentica des Marien-Dompropstes Herrn Roche vom 30. November 1864 zu den bewilligten Abgüssen der drei Häupter im Dom bis in die neueste Zeit. Die Bestattung derselben nach Vollendung der Domrestauration stellt die fragliche Anthentica in Aussicht.

6.
Betrachtung des grossen „Gleichen-Artikels", hinblicklich der Gleichen-Sage, von Dr. Hasemann in der „Allgemeinen Encyclopädie von Ersch und Gruber 1859." I. Sect. 69. Th. v. X. S. 280 an.

Ehe wir auf den Gesammtartikel in genannter Richtung eingehen, sei es uns gestattet, etwas Specielles abzumachen.

Es wird im Artikel S. 290 Z. 30 in eigenthümlicher Betonung, wenn auch nebenfällig, gesagt: dass Medizinalrath **Thilow** bei der Relation über seine Ausgrabung des Hauptes des Grafen Ernst III. keine specielle (express) Erwähnung gethan habe.

Nachdem Thilow den Fund der weiblichen Häupter und anderen Gebeine von Seite des Regierungsrathes v. **Faber** in der Zuschrift desselben berichtet hat (S. 3 seiner Schrift), berichtete er (S. 5) von sich, seinen Mühen und seinem Erfolg mit den kleineren Knochen bei tieferem Eindringen. Er beschreibt das Grab — und fährt fort:

„Ueber jene Arbeit war die Nacht eingebrochen, weshalb die meiste Zeit bei Fackelschein gegraben werden musste. Weil wir uns nun fest entschlossen hatten, an dem bestimmten Tag unser **Vorhaben ganz zu vollenden**, so konnte es nicht anders kommen, als dass wir erst spät, nämlich in der Nacht um halb zwölf Uhr das **Ziel** unserer Bemühungen erreichten."

Dass dieses Ziel kein anderes sein **konnte**, als so lange zu graben, bis er eben auf das gesammte, männliche Gebein Dessen stiess, von welchem er voraussetzte, dass die erstgefundenen weiblichen Gebeine mit ihm in Beziehung stünden, liegt auf der Hand — und Thilow würde sich wohl **sehr** gehütet haben, vom Schädel und den übrigen Gebeinen des Grafen zu schreiben und drucken zu lassen, wenn er nichts gefunden hätte. Grub er denn **allein**, waren nicht viele Andere dabei, als man auf den Grund des Grabes kam? Hätte sich der negative Erfolg nicht augenblicklich in Erfurt verbreitet? Hätte Thilow der neugierigen Welt Gebeine des Grafen, als dem Grab entnommen, vorzeigen können? Hätte er, wie um die Welt zum Besten zu halten, Knochen zusammensetzen und sie für in der Klosterkirche zu St. Peter im Gleichengrab gefundene ausgeben gewollt?

Und welche Knochen? Knochen voll Beweis ritterlich hervorragendster Stärke und geübtester Kraft — eben so das Haupt, bedeutsamster Art, mit mindest uns unverkennbaren Spuren eines Schwertstreiches. Und wenn er die Gebeine alle fand, sollte er nicht das Haupt zugleich gefunden haben? —

Nie und nimmermehr wäre der Nichtfund im Allgemeinen, wie das Nichtfinden des Hauptes unbekannt geblieben — und **gewiss** wäre die Sache von Zweiflern und früheren, vermeintlich absoluten, Gegnern der Realität der Gleichensage und des Begräbnisses des

Ernst III. in fraglichem Grabe auf das Aeusserste ausgebeutet worden.

Die Sache ist einfach so:
Thilow veröffentlichte druckweise erst lange Jahre nach dem Gesammtfunde die Recapitulation des, früher wohl gar oft mündlich gegebenen, Berichtes in jeder Beziehung und dazu noch die der wissenschaftlichen Untersuchungen. Was die Grafengebeine betrifft, glaubte er, sie gar nicht mehr speziell betonen zu müssen, weshalb er nur mehr vom völligen Erreichen des Zieles schrieb. Ueberhaupt lag ihm bei vorhandener und allseitig begründeter Notorietät des Vorganges von 1813 offenbar nur daran, das Allernötbigste zu constatiren. Seine Hauptabsicht aber ging evident dahin, die Charakteristik der Gebeine von wissenschaftlicher Seite ganz publik zu machen und insbesondere aus der Schilderung des Hauptes der Melechsala im Zusammenhang mit dem übrigen Fund Schlüsse auf die Wesentlichkeit und Wahrheit der Gleichensage zu ziehen und sie zu perennisiren. Wären ihm geschichtliche Kenntnisse in höherem Grade zur Verfügung gestanden, so hätte er sie wahrscheinlich sehr gern in Anwendung gebracht.

So viel über Thilow und dass er des Hauptes des Ernst III. beim Ausgrabungsbericht nicht erwähnte und desgleichen der Gebeine des Grafen.

Wenden wir uns nun zum Artikel Dr. Hasemanns im Ganzen, wiederholt gesagt, hinblicklich der Gleichen-„Sage", und es möge uns der geehrte Verfasser zu Gute halten, wenn wir im Interesse der richtigen Erkenntniss Schritt für Schritt mit seinen Aufstellungen gehen, insofern sie nicht schon durch die Abhandlung I. und die folgende III. in Erledigung kommen.

Die im Dr. Hasemann'schen Artikel, Abs. 1—2, S. 280 erwähnte sagenweise „vieljährige" Gefangenschaft des Grafen im Orient erledigt sich durch den in folgender III. Abhandlung „Sagittarius vertheidigt gegen Wolf" gelieferten Beweis, dass der Graf (Ernst III.) nicht länger als drei Jahre abwesend sein konnte.

Die im Absatz III als überwiegend allgemeine, bezeichnete Angabe, dass der Graf von Gleichen am Kreuzzug Kaiser Friedrichs II. 1227 betheiligt gewesen sei, erledigt sich durch unseren, in der vorhergehenden Abhandlung „Ernst III., dessen Doppelehe und das Gleichen-Grabmal", gelieferten Beweis, es könne nur der Kreuzzug Kaiser Friedrich Barbarossa's von 1188 in Anziehung kommen.

Die in Absatz 4 zugegebene Gleichgültigkeit der Umstände auf der Reise des Grafen wird auch diesseits vollkommen zugegeben.

Die in Absatz 5 betonte Verschiedenheit der Sagen oder gemeint „Erzählungsangaben" mehr neuerer Zeit über die „Art der Gefangennehmung" kann als von Belang in keiner Weise zugegeben werden; denn da nirgends ein Beweis geliefert werden kann, dass die Thatsache Ernst's, implicite die Gefangennehmung, nicht stattgefunden habe, so ist die Art derselben, wenn die Phantasie auch Spielraum hat, an und für sich für das „Wesen" der Sache ganz gleichgültig, gleichwohl es noch interessanter sein möchte, den Vorgang näher bestimmen zu können.

Die in Absatz 6 vorkommende Bemerkung, dass viele „Erzählungen" berichten, der Graf habe, ehe man sich Seiner bemächtigte, so gewaltig um sich gehauen, dass er viele Feinde erlegte, und die daran geknüpfte Frage, ob er bei einem so langen und wüthenden Kampf nicht tödtlich getroffen worden sein sollte, erledigt sich durch die wohl nicht erst zu beweisende Ansicht, dass schon sehr Viele, welche sich tapfer wehrten, dann, und eben ihres hartnäckigen Widerstandes wegen, noch mit um so viel mehr Begierde von Seite ihrer Feinde in Haft genommen wurden. Uebrigens scheint der Graf (wie in der vorhergehenden I. Abhandlung vorkommt) einen Hieb über das Haupt davon getragen zu haben, welcher sich sehr wohl von jenem Kampf herschreiben konnte. „Befehl", das Leben des Grafen zu schonen, haben die Ueberfallenden wohl nicht nöthig gehabt, da es einleuchtend war, einen so tüchtigen Recken besser lebend in Gefangenschaft fortzuführen, als niederzumachen.

Zu Absatz 7. Ob neuere Erzähler dem Grafen einen oder zwei Begleiter auf die Fahrt geben und welchen Namen diese führen mögen, ist ganz gleichgültig. Im Ganzen kann wohl zugestanden werden, dass der Graf bei seiner Rückkunft darüber etwas angegeben haben könne. Aber von einem Eingehenmüssen auf Derlei kann wohl nicht in dem Grade die Rede sein, dass sich die Volkssage auch ganz genau daran halten musste; so dass freier Spielraum für die Meinung und besonders für die „Neueren Erzähler" blieb, welche dem Grafen mit eben der Freiheit gar keinen oder noch mehr Begleiter, als einen oder zwei, hätten andichten können. Ob nun der Graf eine bestimmte Angabe machte oder machen „musste", diese Einzelnheit verklang begreiflich im Getös alter Zeiten; und wenn sie etwa wirklich damals aufgeschrieben worden wäre, so ging sie eben in der einen Notirung des ganzen Vorfalles zu Grunde, wie viele tausend andere Nachrichten.

Auf Absatz 8 und 9 blickend, wo auf die Ungewissheit des „Gefangenschaftsortes" Gewicht gelegt wird, so ist dies Gewicht doch nichts gegen die wirklich stattgehabte Gefangenschaft an sich. Denn wenn die Leute bei irgend Einem, der gefangen war, verschiedene Orte nennen, so war er deswegen um nichts weniger in Gefangenschaft. Was vom Verklingen gesagt wurde, gilt auch hier, und wir geben besonders zur Bedachtnahme: dass, wenn sich der Graf auch, wie sicher nicht, herbeigelassen hätte, coram populo solenniter über Alles genau zu referiren, eine später verschiedene Meinung über dies und jenes doch eintreten konnte, da man wahrlich doch noch Anderes zu thun hatte, als Jahrhunderte lang jene Specialität der Gleichensache und Sage festzuhalten.

Anbelangend [die Befremdung des geehrten Verfassers, falls Kaiser Friedrich II. einen so tapfern Ritter in schwerer Gefangenschaft zurückgelassen habe, so wird wiederholt, dass der Kreuzzug Friedrichs II. gar nicht in's Spiel kömmt, und dass, wenn Letzter ja, wie nicht, in das Spiel kommen könnte (und vorausgesetzt, dass man bei so vielen Anderen, denen auch Leid widerfahren konnte, gerade an den, nicht so notorischen „Helden" Ernst gedacht hätte), wahrscheinlich Versuche zur Ermittlung und Befreiung gemacht worden, aber eben fruchtlos gewesen wären.

Zu Absatz 10 bis 14. Was in diesen, wie früheren, Absätzen wegen der verschiedenen Angaben und des verschiedenen Ausschmückens von Seite besserer oder schlechterer „romantisirender" Benutzer der Gleichensage wieder als Bedenken erregend gekennzeichnet wird, kann nur unsere freundliche, aber nicht ganz leise, Verwunderung erhöhen, nämlich dahin: Wie es also andauernd dem, in so Vielem tiefschauenden, Verfasser des Gleichenartikels als ein auch nur entfernt gangbares „Beurtheilungsmittel" erscheinen will, rein „willkürliche" Hereintragungen von Einzelnheiten durch Personen, welche nie und nimmer daran dachten, kritisch zu verfahren, mit dem inneren Wesen der Gleichen-„Sage an sich" in irgend ein präjudizielles Verhältniss zu bringen. Denn wenn auf die Verschiedenheit der kurzweg beliebigen Erfindungen etwas zu geben wäre, so könnten am Ende noch gar viele andere, als die bisherigen Erzähler den Gleichenstoff wählen und noch viel willkürlicher verfahren — ja es könnten nicht ganz berufene Poeten sogar Anachronismen aller Art und sonstige Unmöglichkeiten in „ihre" Erzählung oder in ihr Gedicht verweben. Und weil sie das thäten, müsste es die Gleichensage an sich büssen, und die Vernunft der Geschichte sich vor der reinen Erfindung, vielleicht einer durchweg thörichten beugen!

Es ist also wohl sehr wünschenswerth, dass uns der geehrte Verfasser des Gleichen-Artikels in der „Encyclopädie von Ersch und Gruber" genehmige, ein für allemal gegen irgend welche historische Folgerungen aus der ausmalenden Willkür oder Licenz mit dem Kerne der Sage, welche immer es sei, Einsprache zu thun und deshalb in jetzt obschwebender Sage gar nicht mehr darauf einzugehen, wie dies bei Absatz 18 der Fall sein wird.

Etwas Einzelnes in Absatz 14 berührend, so kann wohl dem Verfasser seine Verwunderung über die Einwilligung der ersten Gemahlin des Grafen zur zweiten Ehe zugestanden werden; aber die Annahmen aller bezüglichen Generationen von früher ist doch wohl höher anzuschlagen, als der allerdings vielsagende Ausruf Credat Judaeus Apella.

Weiters, ob die Frauen der paar Fürsten, welche bekanntlich in Doppelehe lebten, unter einem Dache wohnten, oder nicht, ist für die „Gleichensage" gleichgültig. Das Exceptionelle an ihr ist ja eben, dass sich ein Weib so hoch schwingen konnte, einem anderen, dem es zum höchsten Dank verpflichtet war, in Grossmuth zu lohnen und unter einem Dach mit ihr zu sein, von einem derartigen Dank bei den Doppelehen Philipp's von Hessen u. s. w. zwischen den betreffenden Gemahlinnen gar keine Rede war; weshalb auch ganz natürlich kein Zusammenleben stattfand.

Im Uebrigen handelt es sich aber um den Begriff Doppelehe, gleichgültig ob unter oder nicht unter einem Dach.

Wer zu gleicher Zeit zwei Frauen hat, lebt in Bigamie — der Fall ist nachgewiesen bei Philipp von Hessen und Friedrich von Schweden — weshalb sollte er nicht bei dem Grafen von Gleichen zu gelten haben, betreffs dessen die Sage, der Denkstein und so viele sonstige Annahmen „pro" wirksam werden, weil sich nichts gegenbeweisen lässt.

Zu Absatz 15—17. Sämmtliche Bedenken über den schwankenden Namen und die Herkunft der ersten Gemahlin des „Grafen der Sage", Ottilia — ob nun — Käfernburgerin — Hennebergerin — Orlamünderin — weiters alle Schwankungen des Namens des Grafen selbst — sind nach dem Beweis, welchen wir in vorausgängiger I. und der folgenden III. Abhandlung liefern, nämlich dass der Sagenheld nur Ernst III. sein könne, wie nach dem, in letztgenannter vorkommenden urkundlichen Beweis, dass die erste Gemahlin des Frnst III., eine „Orlamünderin" des Namens Sophia gewesen sei, vollkommen erledigt.

Was die Angaben von besonders Wolf werth seien, auf welche reflectirt werden will, geht ohnehin aus III. Abhandlung hervor.

Zu Absatz 19 folg. In Betreff der Möglichkeit päpstlicher Dispensation, Legalisirung oder wie zu nennen, ist in unserer I. Abhandlung das Nähere als succus et sanguis der Umstände gegeben. Was die, in diesen Absätzen vorkommenden, historischen Berufungen betrifft, z. B. auf Muth, welcher eines Documentes des Ernst (III.) erwähne, worin dessen zwei Söhne Erwin und Albert in Betracht kommen, so sind sie nach nunmehriger Gesammtuntersuchung und Feststellung von Zeit und Personen nicht mehr besonders zu prüfen und zu widerlegen. Um aber jenes Beispiel zu nutzen, ist einfach Muths Angabe dadurch vernichtet, dass Ernst III., der Sagengraf, unter allen Umständen keinen Sohn Erwin hatte.

Dass kein Biograph des einschlägigen Papstes einer fraglichen Bigamie des Grafen und einer „Dispensation" erwähnt, ist kein Gegenbeweis, wie schon Hellbach, der „Anhänger" Muths auseinandersetzte; wir fügen bei, dass wohl eine solche Erwähnung überhaupt nicht gerade in den Intentionen eines päpstlichen Biographen lag. Und wenn sich der geehrte Verfasser in Ersch und Gruber um Einiges später eigentlich wundert, weshalb die protestantische Führerschaft sich bei der Erlaubniss einer zweiten Gemahlin für Landgraf Philipp von Hessen nicht auf den Gleichenvorfall bezogen hätten, wenn ihnen (besonders Melanchthon) etwas davon bekannt gewesen wäre — so ist die Sache doch nicht so verwunderlich. Man machte sich auf protestantischer Seite für sich schlüssig, und berief sich nicht auf Vorkommnisse einer „bekämpften" Glaubens- und Kirchengesetz-Anschauung.

Ueber die angebliche Interpolation in puncto „Nicolaus von Sighen" hat Crousa Chebre schon richtig geurtheilt, worin diesseits beigestimmt wurde, wie aus vorgehendem Abschnitt I. hervorgeht.

Was die, Absatz 24 infra folg. vorkommende, Betrachtung betrifft, dass der Begräbnisse des Ernst III. und seiner Gemahlinnen zu St. Peter doch Erwähnung im Sampetrinum hätte geschehen müssen, wenn sie stattgehabt hätte, so ist dieser Punkt in diesseitiger II. Abhandlung „Einzelnes" Nr. 2 wohl entsprechend in Erwägung gebracht und wohl für stets in Erledigung.

Wenn der geehrte Verfasser in Absatz 34 S. 289 der Encyclopädie der Meinung Muth's beistimmen kann, das Gleichengrabmal sei aus dem Ende des 15. Jahrhunderts und für Sigmund I. und dessen Gemahlinnen errichtet, so müssen wir wirklich in nächster Dringlichkeit auf das verweisen, was darüber in unserer I. vorhergehenden Abhandlung „Ernst III., dessen Bigamie und das Gleichendenkmal" vorkommt, und besonders noch auf das in Nr. 1 dieses II. „Einzelnes" betitelten Abschnittes Vorgekommene.

Ueber Anderes, was in den weiteren Absätzen erörtert und diesseits gleichfalls erörtert und gewürdigt wurde und in nachfolgender III. Abtheilung gewürdigt werden wird, hinweggebend — da in erster Beziehung namentlich die neue Betrachtung der „Ortsmemmorabilien" und mehr oder minder wichtigen „Reliquien" der Türkin zu viel Raum erheischte, überdies diese letzten Gegenstände nur lauter beziehungsweise „Bene's" für die Realität der Sage bilden, aber keine absoluten Bedingungen — wenden wir uns noch zu den Hypothesen des Herrn Dr. Hasemann, welche die Absicht haben, der „Dichtung", welches Wort wir aber unbedingt in (Gleichen-) Sage verändern müssen, eine Veranlassung zur Entstehung zu vermitteln.

Es wird gesagt:

„Wir haben bereits erwähnt, dass besonders Muth auf die Parallele zwischen dem Grafen Sigmund I. (gest. 1494) und dem Grabstein einerseits und der Erzählung andrerseits aufmerksam macht."

Antwort:

Dass der Grabstein unmöglich mit Sigmund I. und dessen „successiven" Frauen zusammenhänge, ist von uns aus Altersgründen des Grabsteins, durch Betrachtungen über die nähere Begräbnissörtlichkeit des Sigmunds und durch den Nachweis abgemacht, dass Alles dagegen spreche, es seien die Frauen Sigmunds in der St. Petersklosterkirche begraben worden. Die Erzählung aber steht schon deshalb nicht mit dem Sigmund und dem Grabsteine zusammen, weil die „Erzählung" (Sage) nicht von einer „successiven", sondern gleichzeitigen Ehe spricht.

„Sigmund war körperlich ein ausserordentlich starker, riesiger Mann (nach Sighen „corpore maximus"), welcher zwei Gemahlinnen nach einander hatte, die eine mit Kindern gesegnet, die andere kinderlos. Der Volksglaube konnte diese beiden Frauen leicht als gleichzeitige nehmen."

Antwort:

War Sigmund stark und riesig, schliesst das nicht aus, dass der frühere Ernst III. nicht auch stark und riesig war, wie seine Gebeine beweisen.

Weiters:

Wenn der Volksglaube bei zwei successiven Frauen des Sigmunds leicht an eine gleichzeitige Ehe glauben konnte — so ist nicht abzusehen, wie das dem Wesen der Ehe des früheren Ernst Abbruch thun soll, von deren „bigamischen" Natur schon von je die Kunde erging, als Sigmund lebte und starb, abgesehen davon, dass, was das Volk in kirchlicher Beziehung über die Möglichkeit einer Doppelehe um die Zeit des Sigmunds herum für möglich halten konnte, noch um viel möglicher im Hinblick auf frühere Zeiten zu denken ist, und so das Volk von später die Ueberzeugung des Volkes von früher aufnahm und fortleitete.

„Und dass er" (n. b. der Volksglaube) „nicht früher existirte, darf man als sicher annehmen; er taucht erst am Ende des 16. Jahrhunderts auf, als man die näheren Lebensumstände Sigmunds vergessen hatte."

Antwort:

Dass der „Volksglaube" erst so spät aufgetaucht sei, wird nicht „bewiesen" und kann schon deshalb nicht bewiesen werden, weil einerseits von den damals gelebt habenden eben Niemand mehr über dies Auftauchen Zeugniss geben kann; andererseits weil, wenn die Sage, unzugegeben, nicht schon früher aufgeschrieben worden wäre, dieses durchaus keinen Beweis gegen die schon frühere Existenz derselben bildete, welche der „Volksglaube" lange begleiten musste — weil sie sonst nicht von Mund zu Mund gegangen wäre, um mälig in weiteren Kreisen aufzutauchen. Wenn die Sage also erst später Dichtungsobject wurde, so hat das mit ihrem Wesen und ihrer Existenz von früher gar nichts zu schaffen. Um markirt spezifisches Dichtungsobject zu werden, musste sie schon dagewesen sein. Und wenn sie Nicolaus von Sighen weder niedergeschrieben, noch durch eine vielsagende Lücke im Context als existent verrathen hätte, so wäre deshalb doch noch nicht bewiesen, dass sie nicht in Schwung gewesen sei. Es zeigte sich höchstens, dass er sie nicht vorbringen wollte — oder gar nicht daran dachte, sie vorbringen zu sollen. In ganz gleicher Weise wird zum Beispiel in Aufschreibungen von clericaler Seite bei gewissen Abschnitten auch nicht gesagt: ad haec tempora plerique referunt historiam nominatissimam Christophori, ducis Bavariae — und dann die oder jene seiner Begebenheiten bezeichnet, als etwa der Wurf mit dem grossen Stein, sein Sprung, seine Kampfesstärke, oder, was hier besser quadrirt, etwa seine heimliche Liebe zur Kunegunde, der Tochter Kaiser Friedrichs III., welche die Gemahlin seines Bruders Albrecht wurde u. s. w.

Und zum Ueberflusse leben ja gerade wir in einer Zeit, welche allgemeinen Widerspruch in jener Beziehung einlegt, indem sie mit allem Eifer Sagen sammelt, welche bis jetzt eben nur im „Volksmunde" erhalten wurden und betreffs derer, wenn sie auch mit einigen Nebenvariationen oder mehr oder minderem Ausschmuck erzählt werden, man deshalb nicht sagt, sie seien ohne allen factischen Urgrund, welchen sie in Beziehung auf eine bestimmte Person selbst dann haben müssen, wenn etwa auch das „weitere" Ausbilden durch einen näher oder ferner liegenden, ungefähr ähnähnlichen, aber im Wesen ganz verschiedenen Sachverhalt der Erlebnisse anderer Personen beeinflusst wurde.

Was die Möglichkeit des Vergessens der „näheren Lebensumstände" des Sigmund betrifft, so widerstreiten wir sie im Hinblick auf das Volkswissen in keiner Weise; vindiciren aber mit gleichem Recht und mit wohl noch viel besserem die Annahme, dass das Volk die näheren Lebensumstände des, um so viel ferner liegenden, Ernst III. noch leichter vergessen haben könne und werde.

„Aber warum die eine der Gemahlin eine Türkin? Es ist schon a priori nicht unwahrscheinlich, dass wenigstens Einer von

den vielen Gleichen'schen Grafen einen Kreuzzug mitgemacht habe;
warum nicht Ernst II. (III.) resp. ein Anderer um 1227 lebender."

Antwort:

Dass ein Ernst II. keinen Kreuzzug mitmachte, ist so sicher,
als Etwas, denn Ernst II. war der Oheim der Grafen Lambrecht II.
und Ernst III. und Anno 1227 im geringsten Falle 18 Jahre schon
todt, wie im Verlauf der „Vertheidigung des Sagittarius gegen
Wolf" erhellt, wo es sich um die Urkunde von 1209 handelt; von
einem Anderen, auf welchen 1227 anzuwenden wäre, verlautet nirgends
etwas — ausgenommen eben von Ernst III., welcher aber
nicht 1227 den Zug mit antrat, sondern 1188. Die Zahl 1227,
welche sein Todesjahr bedeutete, gab nur der späteren Welt Gelegenheit,
die Zeit dieses seines Todes mit der Zeit des Auszuges
zu verwechseln.

„Und wenn das nicht, so erzählt Nicolaus de Sighen in seinem
Chronicon Petrense: Anno 1461 in die S. Marie obiit generosus
Comes Ludovicus de Glichen et Dominus in Blankenheim ad S. Petrum
sepultus: hujus Ludovici frater Ernestus vir inclytus et nominatus
miles fuit in terra sancta et Norimberga obiit, ibidemque sepultus
est; uterque varia ornamenta ad St. Petrum dedit."

Antwort:

1. Dass Ludwig von Gleichen und Herr zu Blankenhain 1461 bei
St. Peter begraben wurde, hat gar keinen Einfluss auf die
Türkin.
2. Dass dieses Ludwigs Bruder Ernst (aber der Wievielte!)
im heiligen Land war, hat an und für sich mit einem „Kreuzzug"
gar nichts gemein. Und da er im 15. Jahrhundert lebte,
was hat er denn mit der auf dem Grabstein gewesenen Jahreszahl
1227 zu schaffen, auf einem Grabstein, der selbst dem
13. Jahrhundert entstammt, und unter welchem ein Ernst aus
dem 15. Jahrhundert nie begraben wurde, selbst nachweislich
nicht später — ?! Im Gegentheil, er ist zu Nürnberg begraben
worden. Dass er und sein Bruder varia ornamenta an
die Peterskirche gaben, ist ganz irrelevant. Die Gleichen
haben der Peterskirche wohl Verschiedenes geschenkt.

„Da haben wir also einen Grafen, welcher Ernst heisst und
im gelobten Lande war, wenn auch nicht auf einem Kreuzzuge."

Nach Vorigem werden wir einer Antwort hierauf überhoben
sein.

„Ja, auch der 1494 verstorbene Sigmund unternahm nach Sagittarius mit Wilhelm von Sachsen 1461 eine Pilgerfahrt nach dem heiligen Lande, von welcher er aber bald wieder unterwegs (schon in Eichstädt!) umkehrte. Offenbar ein Keim, kräftig genug, um alle die Zweige und Blüthen zu treiben, welche wir oben (in der Gesammt-Gleichen-Sage) kennen gelernt haben."

Antwort:

Wirklich ein so kräftiger Keim, zum Vortheil der „Türkin"? Ein Ludwig aus dem XV. Jahrhundert, der, wie manche andere Gleichen zu St. Peter, aber nicht unter dem berühmten Denkmal begraben wurde, ein Ernst aus dem XV. Jahrhundert, der zu Nürnberg begraben liegt, und ein Sigmund aus dem XV. Jahrhundert, der, als er ins heilige Land pilgern wollte, schon in Eichstädt umkehrte, sollen zur Aufstellung einer Türkin geführt haben — zur weiteren Annahme eines bigamischen Verhältnisses — und zur Annahme einer jahrelangen Abwesenheit des Sagenträgers? Dem wird wohl Niemand beistimmen können, und es ist deshalb noch durchaus keine „Veranlassung" zur Sage gegeben, wie sie von je existent war und characteristisch auftrat; gleichgültig, was die „Dichtung" später aus ihr machte, oder nicht machte. Und es ist doch ganz gewiss unleugbar, dass wenn man Anlass aus jenen Personen des XV. Jahrhunderts zur „Dichtung" genommen hätte, man sich an das Zeitalter derselben gehalten hätte. Und da von einer „Bigamie" der treffenden Grafen keine Rede gehen konnte, aber die „Dichtung" durchgehend sie festhält, nur in verschiedenen Ausschmückungen, so versteht sich von selbst, dass die „Dichtung" am Sagenelemente „der Türkin" und implicite der „Bigamie" nichts erfand, sondern sich, mit mehr oder weniger Kenntniss der Thatsache, an die Tradition früherer Jahrhunderte hielt, als an jenes der Grafen Ludwig, Ernst (der in Nürnberg liegt) und Sigmund I.

„Es scheint noch ein drittes Moment zu fehlen, um zu erklären, wie man darauf gekommen sei, dem Grafen eine türkische Gemahlin zu geben, und schon Falkenstein, so wie Krügelstein (welcher „muthmasst", die Gebrüder Ludwig und Ernst (aus dem XV. Jahrhundert) hätten den Wilhelm von Sachsen 1461 auf seiner Pilgerschaft begleitet, und Einer von ihnen hätte „vielleicht" eine Concubine oder sonst ein fremdes (türkisches) Frauenzimmer mitgebracht) hat die Vermuthung ausgesprochen, Ernst (n. b. der

Ernst, der zu Nürnberg liegt!) möge wohl eine orientalische Maitresse auf Schloss Gleichen mitgebracht haben. Es kann sein, dass ein solches Ereigniss der Dichtung ihre ausgeprägte Gestalt gegeben hat; allein, nothwendig ist diese Annahme nicht. Der Grabstein Sigmunds mit dessen Lebensgeschichte allein kann als hinreichender Entstehungsgrund gelten."

Antwort:
1. Der Ernst, welcher 1461 aus Frömmigkeit zum heiligen Grab pilgerte, soll, nach Falkensteins „Vermuthung", eine Maitresse mitgebracht haben, die er auf Gleichen setzte. Das wäre denn doch eine sonderbare Frucht seiner Frömmigkeit in den Augen der Familie und des Volkes umher gewesen! Zudem hätte er dann gewiss Gleichen nicht so bald verlassen, um nach Nürnberg zu reisen, wo er im selben Jahre starb. Was die Vermuthung Krügelsteins betrifft, so ist es eben eine ganz willkührliche. Wenn aber auch, wie nicht, Ludwig und Ernst nach Palästina gewallfahrtet wären, so hätte doch der Letzte deshalb nicht um so viel mehr nachweislich eine Concubine oder sonst ein türkisches Frauenzimmer mitgebracht.
2. Dass der Grabstein mit Sigmunds I. Lebensgeschichte allein hinreicht, ist eben so unstichhaltig. Weil, zum so vielten Male gesagt, der Grabstein nicht der des Sigmunds sein kann; ja weil dieser Graf nicht einmal unter diesem Grabstein, als dem eines anderen, schon früher Begrabenen, beigesetzt wurde; weil auch die Frauen Sigmunds nicht und eben so wenig ein paar, oder auch nur eines seiner Kinder unter dem Stein begraben wurden; weiters, weil der Sinn der Sage gar nicht herträgt, da Sigmund, weit entfernt, im Orient auch nur das Geringste zu erleben, vielmehr nur bis Eichstädt in Land Bayern gelangte; weiters weil nirgend die Sage von ihm ging, er habe in „Doppelehe" gelebt, und weil (worauf in positivem Sinn bei Ernst III. so viel gegeben werden will) nirgends chronical vorhanden ist, dass er eine Türkin mitgebracht habe — was übrigens um so begreiflicher als Notiz unterlassen wurde, als wie noch heut zu Tage, so damals, die bischöfliche Stadt Eichstädt eben nicht als der dienlichste und wahrscheinlichste Fundort einer Türkin angesehen werden konnte — und endlich, unausgesprochen noch gar manche Gegengründe, weil die erste Gemahlin des Sigmund, Agnes von Querfurt, Ao. D. 1461 starb.

a. War nämlich Sigmund, welcher in diesem Jahr wallfahrten wollte, noch nicht nach Jerusalem-Eichstädt abgegangen, sondern beim Tode der Agnes und trat er die grosse Wallfahrt erst hierauf an, so wird er doch einige Achtung für die Erinnerung an seine eben verstorbene Lebensgefährtin gehabt haben und nicht sogleich mit seiner, in Eichstädt nicht zu findenden, Türkin umgekehrt sein, um auf Gleichen, Tonna, oder wo sonst ein scandalöses Leben zu führen.

b. War er schon fort, als Agnes starb, und erfuhr er zu Eichstädt den Tod derselben nicht, so wird er, wenn ihn Gründe zur Rückkehr veranlassten, doch gewiss nicht mit einer Maitresse angerückt sein, ob wieder nach Gleichen, Tonna oder sonst wohin, und gerade zu einer Zeit, in welcher er gewiss bei seiner, vermeintlich am Leben seienden, Frau und dem Volk ringsum für fromm gelten wollte. Er hätte sich, gleich wie beschimpft, auch noch lächerlich gemacht; da die Nichtdurchführung der Wallfahrt an sich schon nicht gar rühmlich erscheinen konnte. Jedenfalls wäre er aber, unter dem Deckmantel einer weiten Reise, mit seiner türkischen Eichstädterin nicht in die Heimath gekommen, wo er höchst wahrscheinlich auch keine gute Miene der Agnes zu hoffen hatte, wenn er in der Art selbzweit eingetroffen wäre, vielmehr hätte er sich irgend wo anders für einige Zeit aufgehalten, wo er nicht zu befürchten gehabt hätte, dass seine ehrenwerthe Agnes Nachricht bekäme, wie ungemein treu und löblich er sich aufführe.

c. War er schon fort, als Agnes starb, und erfuhr er zu Eichstädt den Tod derselben, so wird er doch auch wieder so viele Pietät gehabt haben, dass er nicht sogleich mit seiner muhammedanischen Eichstädterin die rechte Schulter vorwarf und mit ihr in das Thüringische eilte, um dort, so bald als möglich, Schimpf und Hohn einzuernten.

d. Uebrigens hatte er, wie Dr. Hasemann so gut weiss, wie wir, just Ao. 1461 so viele Troubles, dass er an ein ihn jedenfalls störendes Concubinat und anderen Zeitverbrauch nicht wohl denken konnte — und zudem heirathete er seine zweite Lebensgefährtin Katharina von Schwarzburg schon Ao. D. 1462. — Dies setzt Werbungszeit voraus, gar nicht gerechnet Achtung und Liebe derer, welche er heirathen wollte, und in dieser

Achtung und Liebe hätte ihm ein Concubinat mit seiner bischöflich Eichstädtischen Orientalin gewiss so sehr schädlich sein müssen, dass höchst wahrscheinlich aus der Heirath gar nichts geworden wäre.

„Und wenn (später) die gräfliche Familie durch die Stickereien, die Gemälde etc. den Glauben an die „Erzählung" unterstützte, so wäre es nicht undenkbar, anzunehmen, sie habe dadurch ein ihr bekanntes, anstössiges, illegitimes Verhältniss eines ihrer Vorfahren (Sigmunds) legalisiren, oder wenigstens dem Volksglauben nicht entgegentreten, vielmehr unterstützen wollen."

Antwort:

Volksglauben — und in einem Athem gesagt, illegitim, bekannt anstössig — ?

Wusste die Familie ein offenbar anstössiges Verhältniss, wusste es das Volk auch. Angenommen aber, das Volk hätte an ein nicht anstössiges geglaubt, resp. glauben können, so musste das Volk ursprünglich geglaubt haben, die Agnes von Querfurt habe eine gleichzeitige Ehe des Sigmunds mit der Eichstädter Türkin zugegeben, nicht aber mit einer Orlamünderin oder wie sie schwankend angegeben wurde. Und wenn nun der Graf schon im nächsten Jahr die Katharina von Schwarzburg heirathete, was mit der Türkin? Sollte sie etwa die Einwilligung gegeben haben, wie man die Leute glauben hätte machen wollen? Wie immer, da wären ja gar drei Frauen im Spiel, wovon die Sage nie etwas andeutete. Da also der Fall gar nicht gegeben ist, kann von einem (in der Meinung) Legalisiren gar keine Rede sein. Und Bilder, gemalt oder gewoben, die Vorfälle im Orient aufwiesen, in welchem Sigmund nie war? Dass er dort nie war, wusste das Volk, und wenn er eine Concubine mitgebracht hätte, so hätte es dies auch gewusst. Hätte sich dieses Wissen beim Volk von später mehr verloren, ist nicht abzusehen, was die spätere Gleichenfamilie hätte veranlassen können, ein Ereigniss zu beschönigen, welches bald vergessen war. Wusste aber das Volk von später noch etwas von seinen eigenen Vorgängern her und hätte es von einem illegitimen, anstössigen Verhältniss gehört, so durfte die Gleichenfamilie nicht hoffen, mit ihren Stickereien und Bildern einen günstigeren „Volksglauben" hervorzurufen, um so weniger, als man wohl nicht in Absicht stand, sie dem „Volke" offiziell und regelmässig vorzuzeigen.

Also im Hinblick auf das **Volk** hätte das ethische Manoeuver gar keinen Zweck gehabt, und es bliebe nur die wieder künftige **Gleichenfamilie** selbst als Ziel der im XVI. Jahrhundert gelebt habenden.

Aber man wird sich doch im XVI. Jahrhundert nicht förmlich unter Zuhülfenahme der bildenden Künste verschworen haben, die ganze weitere Descendenz in optima forma zum Besten zu halten, und wenn auch auf noch so künstlerische Weise. Und wenn sich die Gleichenfamilie des XVI. Jahrhunderts wirklich zu einer Universallüge zu verschwören bewogen gefunden hätte, hätte sie die historischen Nachrichten von Sigmund tilgen können? Gewiss nicht, weshalb sie ihr ethisch-artistisches Lügenwerk jedenfalls nicht in's Werk gesetzt hätte. Zum Ueberflusse aber, Ortsnamen (z. B. Türkinweg, Freudenthal bei Gleichen, wo Sigmund fast nie war) erfinden, kostbare Gegenstände von orientalem Geschmack an Kirchen verschenken — ja wohl gar ein mythisches Grabmal im Styl des XIII. Jahrhunderts errichten lassen, während man im XVI. lebte, ein Grabmal für Jemand, dessen Name nicht darauf vorkömmt, und der mit seinen **Frauen** nie an der Stelle begraben lag und nicht für sich allein —?

Unser gechrter Gegner genehmige, dass diese Bedenken an Zahl und innerer Berechtigung genügend erscheinen.

„Dazu kommen noch einige Vorbilder, nach deren Analogie die Gleichen'sche „Dichtung" zu Werk gehen konnte, wir meinen die Doppelehe Philipps von Hessen und Friedrich I. von Schweden, noch mehr aber den altfranzösischen Roman von der Doppelehe des Hennegauschen Ritters Gilion de Trasygnyes."

Antwort:

Immer und immer von der „Dichtung", statt von der „Sage", an welcher die diversen Dichtungen herumzerrten. Die „Sage" war früher, mindest als die erst genannten Doppelehen; die Zu- und Umdichtung aber konnte durch jene weiteren Doppelehen noch gefördert werden. Von einer Dichtung aber auf die „Entstehung" einer, durch so greifbare Dinge unterstützten, Sage zu schliessen, möchte denn doch sehr gewagt erscheinen.

„Schliesslich müssen wir auch auf einen Passus in der Erzählung von Sighen über Sigmund I. verweisen. Es heisst nämlich, der Graf habe als zweite „legitima" Gemahlin die Katharina von Schwarzburg geheirathet. Wir sind bei Sighen sonst nirgends auf eine solche Bezeichnung in der Geschichte der Gleichen gestossen, und halten es für sehr wahrscheinlich, dass Sighen hierdurch den Gegensatz zu einer illegitimen Zuhalterin des Grafen hat bezeichnen wollen."

Antwort:

Angenommen, dass das Wort „legitima uxor" einen bezeichnenden Gegensatz der zweiten Ehe des Grafen Sigmund I. zu einer „Verbindung" nach dem Tode seiner ersten Gemahlin haben könnte (also zwischen 1461 und 1462), so wäre damit höchstens angedeutet, dass die „Zwischenfrau" auch eine „uxor" gewesen sei, aber eben keine, welche in allen Beziehungen vor einer stolzen Adelsfamilie als gehörig legitim erschien.

Es könnte, nämlich nur eine morganatische Ehe gewesen sein.

In dieser hat, bei aller Gültigkeit der Ehe an sich, doch die Aktivwerdung der Legitimität der Frau in einer gewissen Richtung hin — nämlich in Beziehung auf das Recht ihrer Kinder an den Rang des Vaters und an die Succession ihrer und der Kinder in seine Stammgüter — eine bedeutende Beschränkung. Für solche etwaige Wünsche und Ansprüche ihrer selbst und ihrer Kinder kann sie sich auf keine lex stützen, sie ist ex lege.

Wenn nun, wie aber nirgends angegeben ist, Sigmund in jenem, für ihn so streitvollen, Jahre Zeit und Laune gehabt hätte, eine solche Ehe einzugehen, und es wäre die dabei betheiligte morganatisch angetraute Frau vor Sigmunds Anknüpfung mit der Katharina von Schwarzburg gestorben, so könnte es ja sein, dass Sighen im Hindeut auf die stattgehabte, morganatische Ehe, die Ehe mit der Katharina als eine (vollkommen) legitime bezeichnet hätte.

Nimmt man aber eine morganatische Ehe, wenn auch von kürzester Dauer, nicht an und wollte Nicolaus von Sighens Ausdruck dennoch werthschätzen, so bliebe nur die Hypothese einer stattgehabten, anderartigen, losen Zwischenverbindung — eines Concubinates. Nun ist auch nirgends ein Anhaltspunkt da, auf ein solches zu schliessen.

Wäre aber Sighen gleichwohl derlei bekannt gewesen, so müsste ihm doch aus Anstand ferne liegen, darauf zu reflectiren — und, aus Rechtsgründen, gar den ehelichen Begriff hereinzuziehen.

Denn eine Concubine ist keine illegitime Frau, sondern sie ist eben gar keine.

Uebrigens ist auf das „legitima" auch sonst kein Werth zu legen.
Wie in deutschen Chroniken das Wort „Hauswirthin", „Gemahlin", „Hausfrau" an sich genügt, und Jedermann dabei nur an eine wahrhafte Gattin denkt, so hätte bei Sighen auch das Wort „uxor" genügt. Wie es aber in gar vielen Chroniken und Urkunden heisst „Der und der und seine eheliche (legitime) Hausfrau" — und man dabei nicht denkt, er müsse deswegen früher eine völlig illegitime (uneheliche) Verbindung gehabt haben — eben so konnte sich Sighen in seiner Chronik des gang und gäben Pleonasmusses „legitima" bedienen, wenn ihm dies Wort in die Feder kam; wie wir denn dies Wort in gar vielen lateinischen Chroniken bald dort, bald da finden, oder auch nicht, aber dafür wieder vereinzelt in anderen, und zumal auch in Urkunden aller Art.

7.
Vom christlichen Vornamen der ersten und zweiten Gemahlin Graf Ernst III. und deren Herkommen und von dem unabweislichen, logischen Beweis des Grabmals aus sich selbst für die Doppelehe.

Man wusste den Vornamen der ersten Gemahlin des Ernst nicht sicher, eben so wenig, ob sie ganz bestimmt eine Orlamünderin oder Kefernburgerin gewesen sei. Durch die in der Abhandlung „Sagittarius vertheidigt gegen Wolf" gepflogenen Untersuchungen ist nun wohl hergestellt, dass sie eine Orlamünderin gewesen sei und Sophie geheissen habe.

Was die zweite Gemahlin des Ernst betrifft, so weiss man, trotz allen Wünschen und Ermittelungsversuchen den christlichen Vornamen nicht; wenn wir auch — nur nicht aus den von Crousa Chebre im „Archiv für Geschichte, Genealogie etc. S. 315" angenommenen Gründen — für nicht „unmöglich" halten, dass sie Adela hiess, welchen Namen ihr der Graf vielleicht hätte beilegen lassen, weil er von seiner ersten Gemahlin eine Tochter dieses. Namens hatte.

Vom heimischen Namen der zweiten Gemahlin hallt nur das Wort Melechsala herüber, welches im Ganzen auf Frieden, Fürstliches und Heiliges deutet.

Es bleibe jedoch und es wird wohl immer unentschieden bleiben, ob das Wort Melechsala den Familiennamen des **Vaters** der zweiten Frau des Ernst bezeichne, oder ob sie, in sinnvoller Wahl orientaler Begriffe, **sich** diesen Beinamen gab, oder ob man **ihr**, neben ihrem christlichen Namen, der wegen der Bedeutungstiefe des anderen später ausser Acht gelassen werden konnte, vielleicht von Seite der damals éruditen Welt den Namen **deshalb** beilegte: weil sie eine fürstliche, erhabene, reine Persönlichkeit, dem Ernst III. den Herzensfrieden wieder brachte, welchen er in seiner Gefangenschaft verloren hatte; weil sie ihn seiner ersten Gemahlin wieder zuführte, die **ihren** Frieden in der Sorge um Ernst III. verloren hatte, und weil sie dann, als sie Ernst zur Gemahlin nahm, dies Glück mit **friedlicher** Zustimmung der ersten **Gemahlin** empfing.

Ja es läge der Sinn des **Friedens** möglicher Weise auch darin, dass sich Melechsala keine grösseren „Rechte" anmasste, als jene, welche die grossmüthige, erste Gemahlin nicht zu sehr verletzen konnten.

Melechsala war ohne Nachkommenschaft.

Wer, Angesichts einer hochherzigen Gestalt, welche das Christenthum und die Heiligkeit der **einen** und **alleinigen** Ehe erst kennen gelernt hatte, da die Eingehung einer gleichzeitig zweiten von Seite des Ernst so grosse, anfangs als unübersteiglich erscheinende, Hindernisse hatte, kann **einiges** Recht zur Hypothese **ganz in** Abrede stellen: „dass Melechsala, als Entgegnung für die Grossmuth der ersten, deutschen Gemahlin, wirklich kein anderes Recht suchte, als, zum Lohn der von ihr erzielten Befreiung, in der Nähe des geliebten Mannes, welchen sie Gemahl nennen durfte, zu **leben** — und mit ihm und der grossmüthigen, ersten Gemahlin, welche ihr innigste Freundin werden konnte, in späteren Zeiten **in einem und demselben Grabe zu ruhen.**"

Zu bestimmt sei übrigens diese Hypothese, welche immerhin eine sehr subjektive bleiben wird, nicht verfochten.

Wie dem immer sei, dass man an das bigamische Verhältniss in Frage zu glauben hat, leuchtet am Besten immerhin aus dem **Grabmal selbst** und dessen auffallender Ignorirung von Seite des **St. Peters-Conventes** resp. des **Sampetrinums** hervor.

Es sind nämlich nur drei Fälle möglich.

Nehmen wir an,
1) das Verhältniss sei ein rein ungesetzliches, alias durchaus frivoles gewesen.

In diesem Fall wäre Melechsala auf dem Grabstein gewiss nicht im Verein mit der ersten Gemahlin vorgeführt worden. Dies zu dulden, wäre von Abt und Convent des Petersklosters doch ein wenig zu viel verlangt gewesen.

Oder
2) es war ein, im Sinn der Genossenschaft von St. Peter, willkommenes, weil völlig legitimes und dabei successives gewesen.

In diesem Fall war nirgend ein Grund zum Ignoriren des Denkmals — und zum Schwanken in der chronicalen Andeutung der Sage vorhanden.

Oder
3) es war ein päpstlich exceptionell zugelassenes, dadurch zur Legitimität erhobenes, aber dem St. Petersconvent doch nicht genehmes Verhältniss — so konnte man zwar, so gerne man es vielleicht gethan hätte, die Darstellung beider Frauen im Verein mit Ernst nicht hindern, eben so wenig die Aufstellung des Monumentes in der Kirche — schwieg aber über dasselbe — und eben in diesem Schweigen über dasselbe, wie in dem Unbestimmten in der Relation über die Doppelehe bei vorhandener Unmöglichkeit, sie irgendwo bestimmt zu leugnen — liegt der beste Beweis für die stattgehabte und — notorische Bigamie.

Dritter Abschnitt.

Sagittarius
(Historia der Grafschaft Gleichen.)
vertheidigt
gegen
Johann Wolf,
(Geschichte des Eichsfelds.)

Kritische Quellensichtung
zum Geleit der Abhandlungen über Ernst III. von Gleichen, dessen
Doppelehe und das Gleichen-Denkmal im Mariendom zu Erfurt.

Inhalt.
Seite

Einleitung . . . . 86.
I. Auseinandersetzung, dass Wolf die Grafen Ernst, Heinrich Albrecht, Hermann und Lamprecht nicht dem Graf Lambrecht II. als Söhne an- und dem Bruder desselben, Ernst III., nicht abbewies; unter Hinweis auf Vermischung „wirklicher" Söhne Lambrechts II. von gleichem Namen, insbesondere Heinrichs I. (Bösen), mit Söhnen Ernst's III. . . . . 90—101.
II. Vom Widerspruche Wolfs mit sich selbst, wenn auch die, von ihm als Söhne Lambrechts II. behaupteten, Ernst und Heinrich dies gewesen und zu einer Theilung gekommen wären, der zu Folge sich dieser Ernst und Heinrich nebst „Nachkommen" von einer gewissen Zeit an immerfort einerseits „de Glichen" — andererseits „Glichen de Glichenstein" resp. „de Glichenstein" geschrieben haben sollen . . . . 101—105.
   In specie von Heinrich von Gleichenstein, und wer damit gemeint sei . . . . 105—106.
III. Von Lambrecht II. und Ernst III. — dabei zuerst von ihrem Vater Erwin und dessen Bruder Ernst, wie deren Namen de Tonna und den Göttinger Gleichenburgen 106—107.

Nun speciell von Lambert II. und Ernst III., die „möglicher" Weise ihre Benennungen Gleichen und Velssecke von ihren Wohnsitzen hernahmen; und wie es sich mit der Befugniss allerseitig verhält, Ernst III., obgleich „de Velssecke", doch einen Grafen Gleichen zu nennen, was Wolf untergraben will; insbesonders dass Ernst III. nachweislich erst 1209 „de Velssecke" heisst . . . . 107—108.

Von der Cellensischen Urkunde von Anno 1230, aus der hervorgehen soll, dass Ernst III. darin einen Verkauf abgemacht, also 1230 noch gelebt habe; und welcher andere Ernst in der Urkunde gemeint sei . . . . 108—109.

Weitere Berechtigung Ernst III. an den Namen „Gleichen", selbst wenn er die Burg nicht besass, aus dem Beispiel anderer Grafen . . . . 110—111.

NB. Auf die Grafen Albrecht, Günzelin, Hermann und Ernst in §. 94 von Wolf wird nicht eingegangen, da die Väter derselben Descendenten Ernst's III. bleiben (mit Sagittarius gegen Wolf's Behauptungen).

Zwischenbetrachtung.

Dass Ernst III. den (1188er) Kreuzzug antrat, nicht einen solchen durchführte.

Dass seine erste Frau wohl damals nach Burg Gleichen kam, wenn sie nicht schon dort war.

Raum für die Familien.

Lambrechts II. Abwesenheit bei Ernst's III. Zurückkunft und augenscheinlicher Beweis, dass Ernst III. nur drei Jahre lang im Orient gewesen sein könne.

Weshalb das Grabmal in Erfurt gesetzt wurde . . . . 111—114.

Fortsetzung
der Vertheidigung des Sagittarius gegen Wolf.

Was Wolf von Lambrecht II. und was von Ernst III. weiss und nicht weiss . . . . 115 flg.

Weshalb Ernst III. keinen Grund hatte, etwa auf ein seinerzeitiges Begräbniss in der Kirche des Klosters Reifenstein zu reflectiren, unter Betrachtung der Urkunde von Anno 1209 . . . 116.

Urkundlicher Beweis, dass Ernst III. nicht eine, sondern zwei Töchter hatte . . . . 117.

Hindeutung aus der Urkunde von 1209, dass Ernst III. trotz der Nennung nur einer uxor, zwei gehabt habe . . . . 117.

	Seite
Nachweis, dass **Adela**, geb. Gräfin von Gleichen, zuerst verehelicht an Graf **Burchard von Schartfeld**, dann an Graf **Ludwig von Eberstein**, **Ernst** III. Tochter gewesen sei, abgesehen davon, dass er schon eine Tochter (Sophia) hatte, welche die Gemahlin des Grafen **Dietrich von Eberstein** war	117—118.
Irrige Schlüsse **Wolfs** aus der Urkunde von 1209 und 1222, als habe **Ernst III.** keine Söhne gehabt; „**Bonavoluntas**" und „**Consens**"	119.
Dass das **Erfurter Grabmal** Keinem als **Ernst III.** gelten kann	120.
Dass auf den **Kreuzzug** von 1227 nicht zu reflectiren ist, und der Name **Ernst's** (III.) in der Urkunde von 1162 nirgends Eintrag thut, insofern es sich um den 1188er Kreuzzug, wie wirklich, handelt	121.
Unterschied von „**genannt werden**" und „**juristischer Zeuge**" sein	121—122.
„**Bonae memoriae**" beweist nicht „todt sein"	122.
Lambrecht II. liegt nicht auf dem St. Petersberge	122.
Wolf beweist **nicht** durch das „Sampetrinum", dass **Sophia** die Gemahlin **Lambrecht II.** war	122.
Die aus der Urkunde von 1246 erhellende „**Orlamünderin**" ist die **Sophia**, erste Gemahlin **Ernst III.**, deren „**Herkunft**" nun (da sie theilweise auch als **Kefernburgerin**, manchmal auch **Hennebergerin**, genannt wurde,) entschieden ist	123—124.
Die in fraglicher Urkunde vorkommenden **Heinrich** und **Ernst** sind (nebst den in der Urkunde nicht genannten, weil daselbst nicht „nöthigen" drei anderen Brüdern) Söhne **Ernst's III.** — deren Muttersbruder **Hermann von Orlamünde** eben ihr Oheim war	124—125.
Die Verwechslung **Wolf's** des früheren Mönches und des Domherrn **Hermann von Gleichen** mit einem Mönch, den **Hermann Vitzthum von Erfurt**	125—126.
Wer als **Ernst III.** sollte Träger der Gleichensage sein können?	127.

Einleitung.

Der schöne und gang und gäbe Ausspruch „de Mortuis nil nisi bene" wird auch von dem Verfasser der Abhandlungen über Ernst III. von Gleichen gerne anerkannt und verwirklicht.

Aber wenn man jene Worte näher in's Auge fasst, und manche Sachlagen damit in Vergleich bringt, kann man bei aller posthumern Liebe und Nachsicht in bedeutenden Zwiespalt mit seinem Gerechtigkeitsgefühl gerathen.

Denn wenn sich ein Verstorbener in irgend einer Beziehung **selbst** nicht zu jenem Grundsatz bekannte, vielmehr einem vor **ihm** Verstorbenen Unrecht anthat — indem er dessen, im Leben gepflogene, Mühen und Leistungen öffentlich ohne weiteres geringer anschlug, als sie es verdienen, und sich ohne allen Grund Verdienste zuschrieb, welche der Andere hatte — und man dürfte ihn nicht coramisiren, weil er nicht mehr in der sublunaren Welt sei, so käme da bei dieser Ausdehnung des „de Mortuis nil nisi bene" der **zuerst** Verstorbene für seine dagewesene Person absolut zu **kurz**, indem er doch nicht geringere Ansprüche an die Epigonen hat, als der **nach** ihm Verstorbene.

Deshalb gilt wohl bei diesem Ausspruch das andere Sprüchwort „nulla regula sine exceptione."

Und zwar mit Recht.

Wir Lebende können uns vertheidigen, wenn wir angegriffen werden — wie sich denn ohne Zweifel Sagittarius gegen Wolf vertheidigt hätte, wenn er durante vita wäre angegriffen worden, und wie sich Wolf gegen uns zu vertheidigen suchen würde, wenn er heut zu Tage noch lebte, und vorausgesetzt, dass er es könnte. — Die aber, welche nicht mehr leben, sind stumm und hilflos gegen üble Nachrede.

Also ist es Unserer, der Lebenden, Pflicht, für sie, ohne Rücksicht auf die Reihenfolge, nach Kräften einzustehen; um so mehr, als wir gewiss auch wünschen, dass sich Andere Unserer annehmen, wenn wir „nimmer sind, sondern todt sind."

Wenn also dies „sich Annehmen" für Einen, der noch früher starb, als Der, welcher ihm Unrecht that, eine allseitige Nichtschonung des Letzteren mit sich führt, so lässt sich das nicht gut anders abmachen.

Die Johann Wolf'schen Manen dürften sich übrigens, unter Betrachtnahme der Sachlagen, um so Versöhnungs-geneigter fühlen, als man ihren irdisch-historischen Reliquien nur so weit nachging, als es speciell zum Zweck zu geschehen hatte — und als sie die Schadenfreude geniessen dürften, uns die schweren Steine und die sonstigen, historischen Gerölle wegwälzen zu sehen, welche ihre, früher terrestre, Ungenirtheit in die Schachte Gleichen'scher Geschichte hineinzauberte; in welchen Schachten durch Auslöschung aller, zu Laternen dienenden „Ziffern" eine so exorbitante Finsterniss herbeigeführt wurde, dass man nicht ganz ohne Muth sein durfte (natürlich nicht gemeint Dr. Placidus Muth), um in das Labyrinth alter Zeiten einzudringen — in dessen Centrum es galt, statt einem Minos zu Leib zu gehen, die Descendenz des Ernst III. zu befreien — und sich nahezu eines längeren Ariadne-Fadens benöthigt sah, um wieder an das Tageslicht zu kommen, als der war, dessen sich Theseus urklassischen Andenkens bediente.

Mit diesen, offenbar ganz mythologisch-aromatischen, Worten leitet sich die Aufgabe wohl richtig ein, in welche uns das Schicksal verwickelt hat.

Was nun die Beurtheilung Johann Wolfs anbetrifft, so wurde sie ganz „speciell" dadurch hervorgerufen, dass Crousa Chebre, indem er gegen Placidus Muth die „Gleichen-Sage" aufrecht hielt — aber, statt Ernst's III. dessen älteren Bruder Lambrecht (II.) zum Sagenhelden stempeln wollte — sich, zum Zweck seiner Beweise, culminirend auf „jüngere Grafen Gleichen" bezieht, welche er, Wolf, als Söhne Lambrechts II. aufstellte — während sie bei Sagittarius als Söhne Ernst's III. genannt und durchgeführt sind.

An die Aufstellung des Sagittarius hielt sich Verfasser dieser Zeilen in seiner, an den verehrten historischen Verein von Erfurt vermittelten, Auseinandersetzung über „Ernst III., dessen Doppelehe und das Denkmal im Mariendom zu Erfurt", indem er keinen kritischen Grund hatte, sich Wolf's Angaben anzuschliessen, weshalb er sich denn auch erlauben musste, Crousa Chebre eines mindest sehr grossen „Lapsus Calami" zu zeihen.

Er selbst, der Verfasser besagter Auseinandersetzung, bedurfte indessen jener Grafensöhne zum Zweck seiner Beweise für Ernst III. nicht in „erster" Linie.

Dieselben liegen vielmehr in der ersten urkundlichen Nennung des Ernst III., im Betrachten der 1190er Jahre, in den Altersverhältnissen Ernst's, hinblicklich auf den 1188er und 1227er Kreuzzug — und in der Vereinbarung der, früher auf dem Stein gewesener, Jahreszahl mit dem von der traditionellen Sage angegebenen, „früheren" Tode der Frauen und dem späteren des Ernst III.

Wenn also folgend die Wahrhaftigkeit des Sagittarius in Hinsicht auf eine „hier" in Frage stehende Geschichtsperiode des „Gleichengeschlechtes" aufrecht erhalten werden will, so geschieht es nicht so fast deshalb, um der an den verehrten historischen Verein von Erfurt vermittelten und ihm gewidmeten Arbeit besonders zu Hülfe zu kommen; sondern hauptsächlich nur deshalb:

Die Angaben und die Geschichtstraktirung Wolfs zu kennzeichnen, als welcher freundliche Herr aus dem 18. Jahrhundert, den Sagittarius aus dem 17. mit einem höchst zweideutigen Lobe im §. 86 B. I. abfinden und sich übrigens als einen „weit besser unterrichteten" Autor hinstellen will, von welcher letzten festen Meinung Alles Zeugniss geben soll, was in seiner „Geschichte des Eichsfeldes", als auf das „Gleichengeschlecht bezüglich geworden", vorkömmt.

Diese eben so sicher, als überaus ehrlich aussehende Behauptung Wolfs hat auch, wie schon im allgemeinen Vorwort gesagt wurde, wirklich zur Folge gehabt, dass man ihm fast allseitig so wohl glaubte, als man dem Herrn Dr. Placidus Muth geglaubt hatte, und sich in Allem auf ihn verliess, welcher seiner Sicherheit durch eine so ungemeine Kürze der Angaben Gewicht gab, dass er, wie gesagt, Zahlenrangirungen für ganz unnöthig erachtete, die doch in allen genealogischen Behandlungen umgänglich sind, um die Träger gleicher Namen gehörig unterscheiden zu können. Im Uebrigen knetete er den historischen Teig in der Gleichensache, wie ihm rasch gut dünkte, liess Personen disponiren, welche in Frage über nichts mehr zu disponiren hatten, wollte den Sagittarius mit Urkunden widerlegen, welche von ganz anderen Personen sprechen, und besonders, während er sich auf Sagittarius bezog, wo er ihn brauchen konnte, liess er die Urkunden ausser Acht, welche derselbe gleichfalls anführte — welche aber ihm nicht wohl ganz genehm lauten mochten!

Wir unsererseits stimmen, aus aller Orts ersichtlichen Gründen, gewiss gerne bei, dass in der Behandlung so altergrauer Zeiten eben keine kleinen Schwierigkeiten obwalten, und dass sich der treueste Forscher irren kann, namentlich in Einzelheiten.

Wie wir denn auch dies in einem Falle zugeben, was die hier in Frage stehende Periode des Gleichengeschlechtes betrifft, und insoferne wir hiebei auf Sagittarius blicken.

Sagittarius irrte nämlich, indem er auf S. 44. Z. 11. Abs. 4. den zweiten Sohn des um 1152 gestorbenen Ernst Reinboth nannte.

Dies berichtigt Wolf in der Note * zu S. 148 der Eichsfelder Geschichte wirklich. Jener Reinboth war ein Graf Beichlingen und keiner vom Tonnaer Geschlechte, welches sich später von „Gleichen" schrieb.

In allem Uebrigen aber scheint uns Wolf gegen Sagittarius nichts bewiesen zu haben, und am allerwenigsten mit seinen angeblichen Erleuchtungen durch Schannat, Gudenus, Schöttgen, Grashof und den „nicht producirten" Manuscriptis Cellensibus; ja in so fern er etwa darauf gefusst, hat er sich durch seine Aufstellungen nicht nur selbst geschlagen, sondern auch seine guten Freunde und kritischen Auxiliartruppenführer.

Angesichts der oben bezeichneten Qualitäten Wolfs — im Passusder „hier" einschlägigen Gleichengeschlechts-Periode — und besonders Angesichts der „Vermischung" von Personen gleichen Namens, ist es ein grosses Glück zu nennen, dass sich Wolf nur bis auf das Jahr 1294 einliess. Denn wenn sich auch bei Sagittarius in den „späteren Perioden" das Sprüchwort: „Irren ist menschlich" in Einzelnheiten dort und da bewährt, so sind wir doch der Ueberzeugung, dass mindest Wolf nicht der Mann dazu gewesen wäre, den Sagittarius überall in Sachen des Gleichengeschlechtes zu verbessern, etwa in der Art, dass man sich bei Sagittarius überall auf unsicherem Boden befände — in den von Wolf hingestellten Angaben aber auf unerschütterlich basaltenem.

Wir hoffen in der nachfolgenden Critik Wolfs das Nöthige darzuthun, dass er dem Lambrecht II. mit seinen willkürlichen Aufstellungen **nicht fünf** Söhne beibrachte — sondern dass es wohl bei der Angabe des Sagittarius sein Verbleiben habe, demselben seien vom Himmel nur **drei** bescheert gewesen, welche, trotz einer

„Gleichnamigkeit mit einem Theil jener fünfe, mit denselben nichts zu schaffen haben — insoferne die fünfe in der von Crousa Chebre vorgebrachten Urkunde von 1230 erscheinen. Und wir hoffen herzlich, dass man es nicht für unpassend aufnehme, wenn folgend Wolfs kurze Deduction nicht nur in Frage jener „jungen Grafen" in Angriff genommen wird, sondern, da es einmal in Einem hingeht, auch in Hinsicht auf Lambert und Ernst (II. und III.) selbst, wie weiters wieder von jenen Söhnen bis zum Jahr 1294.

Die Absicht, hier einmal tabula rasa zu machen, hatte zu viel Reiz. Auch wirkte eine historisch collegiale Prophylaxis mit.

Denn es kann sich ja ausser Bezugnahme eben auf die „Gleichensage" künftig noch für Andere, sowohl in Betreff des Gleichengeschlechtes in dieser Periode überhaupt, als auch in Betreff des eigentlichen Thema's Wolfs — nämlich der Geschichte des Eichsfeldes — eine Gelegenheit darbieten, bei welcher es nicht unwillkommen sein dürfte, darauf vorbereitet zu sein, dass Wolf jedenfalls zu einiger wesentlichen Vorsicht im unbedingten Vertrauen auf seine Entscheidungen herausfordere.

Schliesslich sei beigefügt, dass in der folgenden, kritischen Abhandlung die Beantwortung eines oder des anderen Einwurfes gegen die Aufstellungen in der Abhandlung über „Ernst III., dessen Doppelehe und das Gleichenmonument" liegt, wovon das Inhaltsverzeichniss die Gegenstände angiebt — und dass auf den nur „Mitantritt" des 1188er Kreuzzuges von Seite des Ernst III. noch einmal in einer Zwischenbetrachtung die Rede fällt, weil damit andere Betrachtungen in Verbindung stehen, welche zu direkt auf Quellen Bezug haben, als dass sie nicht am Besten da angestellt werden sollten, wo es eben nur solchen Quellen und deren Anwendung zu gelten hat.

I.

Es sei das auf die Zeit des Hauptgegenstandes bezügliche, genealogische Schema vorangesetzt, wobei man bemerken wird, dass Erwin nicht beziffert ist.

Es geschieht dies deshalb, weil man es nicht so fast mit ihm, als seinen Söhnen und Enkeln zu thun hat, und die Untersuchung, ob er, nach Wolf, der III., nach Crousa Chebre und Anderen der II., nach **Sagittarius** der IV. gewesen sei, eine weitläufige Betrachtung des allerältesten Gleichen-Familienstandes involvirte, welche zu einer selbstständigen Abhandlung Gelegenheit gäbe, ohne dass dadurch auf den vorliegenden Hauptzweck nützlich eingewirkt würde.

Der fraglich Erstgenannte bleibe also im Schema unbeziffert, übrigens derselbe nach meiner Ueberzeugung mit IV. zu bezeichnen ist, wovon auch im weiteren Context dort oder da Gebrauch gemacht wird.

Der Grund, weshalb im Context die Namen **Lambrechts** (Lamberts, Lamprechts) und **Ernst** oft mit Ziffern in „Klammern" versehen sind, liegt darin, dass **Wolf** keine Zahlen angab, welche aber eben nöthig sind, um der Sache überall nachgehen zu können.

Erwin

Lambrecht (II.) und **Ernst (III.)**

In Betreff der Söhne dieser Beiden stellt **Sagittarius** auf:

Albrecht I., Canonicus zu Magdeburg.	**Heinrich I.** (n. b. den Streitsüchtigen oder Bösen, wie man ihn nennen könnte).	**Ernst IV.**, wohl geistlich geworden.

Ernst V., **Heinrich II.**, **Albrecht II.**, **Hermann I.**, **Lambrecht III.**

Wolf giebt dem **Ernst III.** gar keine Söhne, schiebt die letztgenannten jüngeren Grafen alle dem **Lambrecht II.** zu — und zieht die von **Sagittarius** dem **Lambrecht II.** wirklich zugeschriebenen Söhne nach Belieben herein.

Die Beweise **Wolfs**, dass jene fünf Grafen Söhne **Lambrechts des II.** gewesen seien, werden folgend angeführt und entgegnet, wobei ersucht wird, im Auge zu halten:

Wolf's Geschichte des Eichsfeldes B. I. S. 154. §. 93 —
Sagittarius, überall citirt — und das auch citirte **Sampetrinum**.

Wolf schreibt da:

1) „Dass sie alle fünf Brüder waren, sagt uns eine Urkunde bei **Sagittarius S. 80** von Ao. 1230. „Ernestus et Henricus, comites in Glichen — cum trium fratrum nostrorum Adalberti (andrer Orte auch Alberti) videlicet, Hermani et Lamperti conniventia."

Damit ist gar nichts gesagt, als dass die die Urkunde ausstellenden zwei Grafen die **Brüder** der drei mitgenannten Grafen seien; nicht aber, dass die zwei Grafen, weil ein Adelbert (Albrecht, Albert) vorkömmt, deshalb die Brüder **Albrechts** (**Adalbert**) des I., des Canonicus von Magdeburg vorzustellen haben. Die Brüder dieses Canonicus heissen allerdings auch Ernst und Heinrich, zählen aber IV. und I., während die in der Urkunde vorkommenden geschichtlich als **Ernst V.**, **Heinrich II.** und der mit den anderen zwei Brüdern genannte **Adelbert** (Albrecht) als der II. zu zählen ist.

Da nun Wolf die fragliche Urkunde nicht mit „bewiesenen" Söhnen Lambrechts II. benützt, sondern zum Beweis, **dass** sie dies seien, was nirgend erhellt, so ist kein Grund da, dem Ernst III. die ihm von Sagittarius zugeschriebenen fünf Söhne zu entziehen.

2) „Es ist auch leicht und gründlich zu beweisen, dass sie Lambrecht (II.) zum Vater hatten, denn sie nennen **Erwin**, Lambrechts Vater, ihren **Grossvater**."

Wirklich?

Wenn der alte Graf **Erwin** Vater des Lambrecht II. und Ernst III. war, so konnten doch nicht nur die Söhne des Lambrecht II., sondern wohl auch die Söhne des Ernst III. jenen Grafen Erwin ihren **Grossvater** nennen. Was bewies also Wolf?

3) „Sowohl bei Gudenus, als bei Schannat werden **Ernst** und **Heinrich** ausdrücklich 1228 Söhne Lambrechts genannt."

Wirklich? Aber als wie „vielt gezählter" Ernst und Heinrich? Sie zählen eben als **Heinrich I.** und **Ernst IV.**, die jüngeren Brüder des schon genannten Adelbert oder Albrecht I., Magdeburger Canonicus, wie sie **Sagittarius** auf S. 48 aufführt. Hat Wolf bewiesen, dass sie nicht Söhne des Ernt III. waren? Nein, er bewies nur, dass sie Söhne des **Lambert II.** waren; aber der Beweis schadet gleichnamigen Söhnen des Ernst III. nicht, und in Betreff des Lambrecht war er überflüssig.

4) „In der Geschichte des Klosters **Volkeroda** kömmt **Adelbert** hinzu, der Domherr von Magdeburg wurde. Dieser hatte das Schicksal, 1238 den 10. März bei einer zwistigen Bischofs-(Probst-)wahl vor dem Stadtthor mit einem Pfeil erschossen zu werden. Albertus Stadens. in Chronico." —

„Albertus frater comitis de Glico electus etc. perfossus sagitta interiit" — lautet die Stelle.

Nun denn, dieser **Albert** war eben wieder jener von **Sagittarius** dem Lambert II. zugeschriebene **Albert I.**; hatte deshalb Ernst III. weniger einen Sohn Albert, gezählt der II.? Und es handelt sich ja bei **Wolf** darum, dem **Ernst** alle Söhne zu nehmen!

NB. NB. Was übrigens der Abt von Stade in seinem Chronicon anführt, bietet **selbst** Hand, dass der fragliche **Adalbert** oder **Albert** nicht noch 4 Brüder gehabt habe, wie sie **Wolf** selbander zufünft dem **Ernst** nehmen und dem **Lambrecht** zuschieben will.

Der Abt sagt: „**frater Comitis de Glico (Glichin).**"

Vielleicht war dem Abte nur der eine oder der zweite Bruder des Erschossenen persönlich bekannt; nämlich entweder der Graf **Heinrich I.** oder **Ernst IV.**, von welchen Beiden der Erstere grosse „Notorietät" genoss, da er Lärm genug in's Reich brachte.

Oder es war Einer von den Zweien schon gestorben. Wenn dies, so müsste der Ernst IV. schon todt gewesen sein, denn der unruhige Geist Heinrich I. kömmt noch Ao. 1249 vor. (Galletti, Goth. Gesch. I. Thl. S. 95.)

Angenommen also diesen „**Todesfall**", wusste der Abt, dass der Erschossene zuletzt nur noch „**einen**" Bruder gehabt habe, nämlich jenen Reichsunruhestifter „**Heinrich I.**", der ein Gleichengraf war. Indessen es sind anderwärts Anlässe zur Annahme da, dass auch der geistlich gewordene **Ernst** noch später vorhanden gewesen und somit in concreto trotz der Bezeichnung eines einzigen Bruders des Erschossenen, doch beide Brüder, **Heinrich I.** und **Ernst IV.** noch gelebt haben. Wie immer, wenn, wie **Sagittarius** sagt, der Ernst wohl geistlich wurde und resp. etwa schon geworden **war**, so lag es für den Abt wahrscheinlich doch am Nächsten, nur des **Heinrich I.** als eines Grafen von Gleichen Erwähnung zu thun, wie gesagt: weil derselbe eben ungemein **notorisch** war; der Ernst aber durchaus **nicht**.

Gewiss, **deshalb** sagt der Abt „**frater comitis de Glichin**" — und es kann diess selbst **nur** gegen die Octroyirung von fünf Söhnen an Lambrecht II. durch Wolf sprechen, weil der Abt nicht sagt „**fratrum**", Wolf selbst aber solche „**fratres**" weit über das Jahr 1238 hinaus erscheinen lässt — allerdings fälschlich dazu als Söhne **Lambrechts II.**

Der in Frage stehende, erschossene **Adalbert** nebst dem mithereingezogenen Bruder ward also, da ihn **Sagittarius**, wie den ein oder anderen Gemeinten nicht dem **Lambrecht II. abstritt,** von **Wolf** eben diesem **Lambrecht II.** wieder ganz überflüssiger Weise **anbewiesen**; **Wolf** hat aber eben auch wieder am Mindesten irgend Etwas dafür bewiesen, dass **Ernst III.** keine Söhne gehabt habe. Was schliesslich das „de Glichen" betrifft, so ist es der allgemeine Geschlechtsausdruck, welcher dem **Adalbert** von seinem Vater **Lambrecht II.** zukam, indem dieser Letztere, wie dessen Bruder **Ernst III.**, Sohn des Grafen **Erwin von Gleichen** war.

5) „Von **Lambrecht** (n. b. nach **Sagittarius** S. 57 Sohn **Ernst III.** und bezeichnet als III.) bezeugt das **Chronicon Sanpetrinum**, dass er Bruder der Grafen **Ernst und Heinrich** gewesen sei und Ao. 1249 die Probstei im Marienstifte zu Erfurt vom Pabst Innocenz IV. erhalten habe."

Es heisst dort:

„Hoc anno **Lampertus** clericus, frater **Ernesti et Henrici**, Comitum de **Glichin** etc."

Wolf, welcher sich überall auf **Sagittarius** beruft, wo er Personen-Existenzen darthun will, citirt, da er auf S. 155 von einer „stattgehabt sollenden Theilung" der von ihm „behaupteten" Söhne Lambrechts II. spricht, den **Sagittarius** S. 58, Abs. 3, wo es heisst:

dass sich (n. b. die Söhne **Ernst III.**) **Ernst und Heinrich** auf „**Gleichen**" — und „**Eichsfeld und Gleichenstein**" theilten, auch mehrere Güter gemein hatten

und **Wolf** setzt S. 156, Z. 15 bei:

dass sie trotz der Theilung von Ao. 1246 noch Ao. 1249 **Tonna und Gleichen** „gemeinsam" besassen.

Gut. Sie konnten also Ao. 1249 in der Sanpetriner Angabe wohl Comites de Glichen genannt werden, wenn sie als Brüder des **Lambertus (III.) Clericus** zählen.

Aber hat **Wolf** „bewiesen", dass der im **Sanpetrinum** mit **Ernst** genannte **Heinrich** (und darauf kömmt es zum Beweis der Identität an) nicht der Sohn **Ernst's III.** war, nämlich nicht **Heinrich II.** — sondern der Sohn **Lamberts II.** — das heisst **jener Heinrich (I.)**, welcher Ao. 1234 flg. alle seine

Erbgüter verlor, wie alle seine Lehen, und in Bann war????
(Sagittarius S. 48—51. — Wolf S. 156 infra.)
Gewiss ist nichts bewiesen.
Und ist das Verfahren Wolfs nicht in hohem Grade unkritisch und willkürlich?
Er, der mit Sagittarius zugeben muss, dass Heinrich (I.), Sohn des Lambrecht II. 1234 Alles verlor, lässt denselben Heinrich im nämlichen Jahre 1234 dem Kloster Gerode ein Geschenk mit einem Theil seines Zehnten in Immichenrode machen, als er die Gandersheimischen Lehen von der Aebtissin Berchta auf Schloss Lohra empfing. Wenn er verlor, wird wohl ein anderer Heinrich in fragliche Lage der Wohlthat und subjectiven Belehnung gekommen sein.

Und noch mehrerer Wohlthaten erwähnt Wolf betreffs des Klosters Reifenstein, aber ohne zu beweisen, dass sie Heinrich I. (den Bösen) zum Grund hatten sondern eben nur einen Heinrich von Gleichen.
(S. über dies Alles Wolf S. 157.)

Weshalb sollte denn ein so hart gesinnter Mann (s. l. c. Z. 7 und 8), der noch Ao. 1249 seine Unterthanen plagte, ein so vielfacher Wohlthäter gewesen sein???

NB. Und wo lässt denn Wolf, der da auf diese Urkunden schaut, die anderen Urkunden, welche sich mit einem „Heinrich dieser Zeit" befassen??

(Sagitt. S. 59.) Wo erwähnt Wolf der von 1240 zum Vortheil der Predigermönche zu Erfurt?
(Sagitt. S. 60.) Wo der von 1253 zum Vortheil des Klosters Walkenrede?

Weshalb nannte er sie nicht? Brauchte er sie nicht zur Begründung seines „Lambrechts"-Heinrich? Nein, es ist wohl anders; der rauhe Herr wäre ihm am Ende doch gar zu fromm geworden!

Aber es war schon noch ein anderer Grund vorhanden, weshalb Wolf die zwei Urkunden nicht berührte, sondern in der Meinung, man werde künftig nur auf seine Geschichte des Eichsfeldes bauen, sie der Vergessenheit anheimstellte — namentlich die **zweite**.

Denn er, Wolf, sagt S. 155, 11 und 12: Heinrich habe sich seit Ao. 1246 immer de Glichenstein" oder „Glichen de Glichenstein" geschrieben; in der zweiten Urkunde aber, jener pcto. Walkenrode, steht de Ao. 1253.
(Sagittarius S. 60 oben.)
Auctum est Monasterium Walkenrodense eodem Anno duabus insupra parochiis, Machenrodana et Naumburgensi prope Kelbran; hanc dedit Henricus de Glichen — illam comes etc. etc. etc.

Wenn nun (uns noch einmal zu Beginn von 5, resp. zur 1249er Probsteiurkunde des Sampetrinums wendend) der darin vorkommende Heinrich nicht der Sohn des Lambrecht II. ist, sondern der Sohn des Ernst III. sein muss, da zur Zeit kein anderer Gleichengraf dieses Namens da ist — so ist der in der Sampetriner Aufzeichnung als dessen Bruder vorkommende Ernst eben auch kein Sohn des Lambrecht II., sondern ein Sohn des Ernst III. — und folgeweise der zum Probst erhobene Lambert auch kein Lambrecht (II.) Sohn, sondern ein Sohn Ernst III.

Das ist der Sachverhalt. Wolf wollte gegen Sagittarius beweisen — und bewies mit seiner Anziehung gegen sich selbst — es handelt sich in der Sampetriner Angabe gar nicht um Heinrich I. (den Bösen).

6) Wenn nun alle Behauptungen fallen, dass der mehrgenannte Heinrich als der Sohn des Lambrechts II. zu nehmen sei, so schlägt sich Wolf eben so sehr mit der Behauptung:

„Dass dieser „angeblich" nicht Ernst'sche, sondern „Lambrecht'sche" Sohn Ao. 1257 gestorben und in der St. Petersklosterkirche begraben worden sei", wie das „Sampetrinum ad hoc annum" beweisen soll. (Wolf S. 157, Anmkg. k.)

Die Stelle lautet:

„Hoc etiam Anno Henricus de Glichin senior obiit et apud S. Petrum honorifice sepultus est."

Ja Wolf schlägt sich selbst.

Denn es heisst Comes de Glichen, nicht Comes de Glichenstein — oder Glichen de Glichenstein; und das hätte man denn doch geschrieben, wenn sich heut zu Tage mit Recht auf Wolf S. 155, Z. 12. 13 zu beziehen wäre und wenn die dort angedeutete Theilung zwischen dem bösen

Heinrich und „seinem!" Bruder Ernst stattgefunden hätte — was aber des Beweises bedarf und von Wolf nirgend bewiesen wurde.

Indessen es sei auf das „de Glichen" und den Selbstwiderspruch Wolfs nicht zu viel Werth gelegt. Heinrich I., der ungestüme Sohn Lambrechts II., wie Heinrich II., der Sohn Ernsts III., waren im Allgemeinen „Gleichengrafen". Es wird nur vindicirt, dass Wolf in Betreff seines 1257er Heinrich nicht bewiesen habe, er sei ein Sohn Lambrechts II. gewesen und begraben worden — vielmehr er nur durch eine Todes- und Begräbnissanzeige, welche allgemein einen Gleichen Heinrich nennt, beweisen wollte.

Wie es mit dem „Senior" sei, wird sich bald zeigen.

Wahrscheinlich starb jener der Begräbnissurkunde „octroyirte" böse Heinrich I. (wirklicher Sohn Lambrechts II.), gar nicht in Thüringen, sondern in der Fremde — denn der im „Sampetrinum" ad 1257 ist er nicht, und später kömmt über Heinrich I. im „Sampetrinum" auch nichts von Tod und Begräbniss vor — — in der Fremde, und zwar nach 1249, weil er da noch als renitent, also lebend, erscheint (Galetti, Goth. Gesch.) — und vor 1257.

Warum das Letztere?

Weil sich so und dadurch der Ausdruck Heinricus Senior, welchen doch er, (der aber nicht in St. Peter 1257, begraben wurde), einen Zeitraum lang vorstellte, erklärt.

Nämlich nach Lambrecht II. und Ernst III. Tod waren, wie bekannt, zwei Heinriche vorhanden:

der (böse) Heinrich I., Sohn des Lambrecht II.; dieser war da in der Gleichenfamilie der ältere,

und

Heinrich II., der Sohn Ernst III.; dieser war, so lange Jener lebte, der Jüngere; als aber Jener starb, war er der Heinricus senior des Gleichengeschlechtes. — —

Aber nun noch einen Rückblick auf Nr. 5 und die Probsteiurkunde von Ao. 1249!

Wenn der als Probst bezeichnete Lambrecht nicht ein Sohn Ernst III. sein soll, sondern Lambrechts II., welcher nach Wolf fünf Söhne gehabt haben soll — warum werden denn nicht Alle fünf angeführt in der Urkunde, wie sie doch Wolf S. 154 angiebt???

Nun wird sich vielleicht die Gegenfrage aufdrängen:
„Aber weshalb sollen sie Alle aufgeführt sein?? Und wenn
die „ohne Zahlenunterschied" von Wolf dem Lambrecht II.
zugeschriebenen fünf Söhne wirklich die Söhne des Ernst
III. waren, weshalb wurden denn sie nicht alle aufgezählt —
mit andern Worten, weshalb sind denn (neben Lambrecht,
dem St. Peters-Probst), ausser Ernst (V.) und Heinrich (II.) — nicht auch Hermann (I.) und Albrecht
(II.) als Comites de Glichen genannt??

Diese Frage ist ganz wohl zu beantworten, wenn man auf die
angebliche Theilung der Söhne des Lambrecht II. und Ernst III.
blickt und dabei einige Aufmerksamkeit nicht scheut, um welche
dringend gebeten wird. —

Da sich die hier in Frage stehenden Ernst und Heinrich
(also die Söhne Ernst III., nicht, wie Wolf sagt, Lambrechts
II.) in der mehr genannten Probsteiurkunde speciell Grafen von
Gleichen nannten, „mag" eine Art Theilung der Gesammtgüter unter sämmtlichen Söhnen Ernst III. vor sich gegangen sein, der zu
Folge die in 1249er Probstei-Urkunde vorkommenden Ernst
und Heinrich (V. und II.) hauptsächlich Gleichen bekommen hatten, die anderen drei Brüder aber (Albrecht II., Hermann I. und Lambrecht III.) sich, nicht näher bestimmbar, in
das Uebrige theilten, oder vielmehr in die Erträgnisse des
Uebrigen, welches jene älteren zwei Brüder wohl als „Complex"
beibehalten hatten, so dass das Verhältniss der jüngeren drei Brüder das einer „Appanage" war, ohne deshalb von einer allgemeinen Mitbesitz-Aufgabe zu sprechen. Die jüngeren Drei „regierten" eben nicht mit, und die älteren Zwei, Ernst und Heinrich, repräsentirten die „Gleichenherrschaft".

Was den einen in der Urkunde nicht Genannten, nämlich Albrecht (II.), betrifft, ist Letzteres ganz klar.

(Sagitt. S. 66 oben.) Es heisst in Sagittarius ausdrücklich,
„dass sich dieser Albrecht II. um die „Herrschaft" nicht kümmerte,
bis sein älterer Bruder Heinrich II. Ao. 1257 starb, worauf
er dann die Herrschaft (Gleichen) mit Fleiss verwaltete" — heisst:
mitverwaltete, denn der älteste Bruder Ernst V. lebte noch.

(In dieser Eigenschaft als [mitregierender] Graf zeichnete er
die Urkunde wegen Erfurt Ao. 1272, die von 1277, die von 1283
[Sagittarius S. 66, 68]). —

Wenn nun dieser Albrecht II., ein Sohn Ernst III., Ao. 1249 noch keinen effektiven Theil an der „Gleichenherrschaft nahm, so brauchte er auch in der Probsteiurkunde oder der Sampetriner Angabe nicht genannt zu werden. Dieser Albrecht II. starb auf Gleichen Ao. 1290. (S. Sagittarius S. 76, 4. Abs.)

Nun war aber auch der noch zu bereinigende fünfte Sohn des Ernst III., Hermann I., nicht „Mitregent" auf Gleichen, sondern hatte wohl auch auf Generalkosten des Geschlechtes mitgelebt, brauchte also in der 1249er Probsteiurkunde oder Angabe gleichfalls nicht mitgenannt zu werden; und er wurde im Jahr 1249 um so weniger als „auf Gleichen einflüssig" mitgeführt, als er eben in diesem Jahre schon Bischof zu Kamin wurde — (Sagittarius S. 79) — oder war und sich der „Herrschaft" offenbar entschlagen hatte; und es ist eine reine Willkür Wolfs, den Hermann ohne Weiteres zum Sohn des Lambrecht II. zu machen, weil die gelehrten Hannövrischen Anzeigen von Ao. 1752 ihn einen Grafen von Gleichen nennen. — Freilich war er Einer aus dem „Gleichen-Grafengeschlechte", nämlich ein Sohn des Ernst III. von Gleichen, der sich, wie anderen Ortes ausgeführt wird, so nennen durfte, wenn er sich auch gelegentlich de Velsseke schrieb! Uebrigens wo markiren die Hannövrischen Anzeigen nachweisend, dass jener Hermann ein Sohn des Graf Lambrecht II. gewesen sei? Und wenn versuchsweise, was bewiese die einzelne Angabe, wenn man betrachtet, welche Dinge sich massenhaft ein Anderer zu Schulden kommen liess, beispielsweise Wolf?

Dieser hat aus seiner 1249 „Sampetriner Angabe" nicht bewiesen, dass die von ihm S. 154 aufgezählten fünf Grafen Söhne Lambrechts II. gewesen seien, vielmehr Veranlassung gegeben, nachzuweisen: dass alle Verhältnisse der „Angabe" auf die in derselben vorkommenden und nicht vorkommenden fünf von Sagittarius S. 57 angegebenen Söhne des Ernst III. passen.

Sie passen aber um so mehr auf Söhne des Ernst III. und durchaus nicht auf Söhne des Lambrecht II., 1) weil dieser Letztere gar keinen Sohn des Namens Lambrecht hatte — wenigstens hat ihn Wolf nicht bewiesen — 2) weil jener Heinrich, welcher wirklich Sohn des Lambert II. war, Ao. 1234 bei der Achtserklärung alle Güter und Lehen verlor, noch im Jahr 1249 widerspänstig war, und weil Wolf keine Nachricht zu geben wusste, dass er in Integrum restituirt worden sei, also man irgend einen Grund gehabt habe, ihn in der Sampetriner Angabe von 1249 zu nennen — 3) weil der im Sampetrino vorkommen sollende Ernst (IV.), welchen Sagittarius S. 48 als dritten Sohn Lambrechts II. anführt, ganz wenig bekannt ist. Er wurde wahrscheinlich auch geistlich, sagt Sagittarius. Elidiren kann ihn Wolf nicht, sondern lässt ihn stillschweigend gelten, zugleich er aber hier eine Metamorphose für andere Umstände mit ihm vornehmen wollte, welche keineswegs glücklich ausfiel, indem er ihn in der 1249 Urkunde zum Vorschein bringen wollte, eben als einen IV' Gezählten.

Denn der Ernst, welchen er als Sohn Lambrechts II. auf S. 155 anführt, als habe er mit Heinrich getheilt, ist dort und hier nicht bewiesen — und der Ernst, den er auf S. 158 als Enkel Lambrechts II. angiebt, ist gleichfalls nicht nachgewiesen als solcher — zum Ueberfluss sagt er l. cit., dass man, ausser einer Urkunde von 1273, nichts von ihm wisse. Nun wenn er bei der „Herrschaft Gleichen" effective betheiligt gewesen wäre, müsste man denn doch etwas mehr von ihm wissen!

Es ist also wohl wenig Zweifel, dass, da der im Sampetrinum Ao. 1249 vorkommende Ernst nicht der Lambrecht'sche ist, weil er gar nicht notorisch war und noch weniger mit der Gleichen-„Herrschaft" zu schaffen hatte — es nur der Ernst sei, welcher von Sagittarius S. 57 als der V. und als Sohn des Ernst III. aufgeführt ist.

Item: In der Sampetriner-Aufschreibung liegt kein Widerspruch gegen fünf Söhne des Ernst III., denn drei sind angeführt: Lambert, Clericus — Ernst und Heinrich — — Albrecht und Hermann brauchten nicht angeführt zu werden, ja konnten es nicht.

Wolf untergrub also, aus Allem zusammengenommen ersichtlich, nicht, dass Lambert II. nur drei Söhne hatte, wie sie Sagittarius S. 48 angab, nämlich

    Albert (Adalbert) I., Domherr zu Magdeburg,
    Heinrich I. (den bösen) und
    Ernst IV., der wohl geistlich wurde,
und bewies nicht, dass die von Sagittarius S. 57 angeführten „fünf Grafen" nicht Söhne des Ernst III., sondern Lambrechts II.

gewesen seien, indem alles von ihm Vorgebrachte gegen ihre Eigenschaft als Lambrecht'sche Söhne spricht, anstatt dafür.
Weshalb denn auch:
Ernst V., Heinrich II., Albrecht II., Hermann I. und Lambert III. als Söhne Ernst III., trotz Wolf, zu gelten haben.

Da aber Wolf der Beweis mit den angeblichen Söhnen Lamberts II. misslang, so fällt natürlich die damit in Verbindung gebrachte Adela, Gemahlin des Grafen Ludwig von Eberstein (Wolf S. 155), als angebliche Schwester der fünf Grafen, auch den besagten Grafen, den Söhnen Ernst III., als Schwester zu — wie Dieselben ohnehin schon eine Schwester des Namens Sophia hatten, welche auch Gemahlin eines Grafen von Eberstein war, nämlich des Dietrich (Sagittarius S. 57), worauf wir weiter unten noch einmal kommen werden.

II.

Es wäre das bisher Auseinandergesetzte wohl hinreichend, dem Verfasser des Artikels über Graf Ernst III., dessen Frauen und ihr gemeinschaftliches Denkmal zu Erfurt, das gebrauchte Recht zu approbiren, dass er mit Sagittarius die fünf Söhne dem Ernst III. zuschrieb.

Uebrigens bedurfte er zu seinen Deductionen über Ernst, die Kreuzfahrt u. s. w. des Söhnebeweises an und für sich nicht, sondern er kam nur insoferne auf die Genealogie, als ein Anderer, welcher den Lambrecht II. zum Träger der „Gleichensage" machen wollte, durch die demselben „zugeschriebenen" Söhne etwas für Lambrecht II. beweisen wollte.

Weil wir indessen Wolf einmal in Angriff genommen haben, so sei er über die hier nöthige Linie hinaus verfolgt. Wir stellen es anbei dem grösseren oder geringeren Interesse der Geschichtsforschung anheim, diese jetzige Nr. II. in nähere Einsicht zu nehmen, und fügen vordersamst nur bei, dass die Behauptung Wolfs auf S. 150 infra, „als habe Placidus Muth die „Gleichensage" gründlich widerlegt, eine reine chimärische Aufstellung sei.

Folgen wir Wolf auf S. 154 und 155.

a) Auf S. 154 macht er bekanntlich fälschlich die „Vermischung" Heinrich's I. (Bösen) eines „wirklichen" Sohnes des Lambrechts II. mit einem der wirklichen Söhne des Ernst III.

Dieser Irrthum, oder wie man es nennen will, ist nachgewiesen. Indessen bei der irrigen Aufstellung Wolfs stehen bleibend, verweisen wir auf S. 155, Abs. 1, wo er behauptet: „dass, nach der zwischen diesem (falschen) Heinrich und dem (falschen) Ernst vorgekommen „sein sollenden" Theilung Jener sich seit 1246 stets de Glichenstein oder Glichen de Glichenstein schrieb, welchen Namen auch seine „Söhne" und „Enkel" (also immer und Alle) beibehielten."

Nun sehe man Wolf S. 156, Z. 7:

„Heinrichs Söhne gaben auf dem Schloss Vieselbach der Kirche zu Kappellendorf 4 Hufe Landes"

und Wolf citirt hinzu den Sagittarius S. 61.

Da fängt die Urkunde sogleich an mit:

Albertus dei gratia Comes de Glichin — suique fratres coheredes Gunzelinus, Hermanus, Ernestus etc.

Halten wir daran fest, dass Wolf diese Grafen Alle für Nachkommen Lambrecht's II. ausgiebt, und fragen wir, ob es sich mit dieser Urkunde nicht selbst schlägt?

Und wird nicht Albert, angeblicher Sohn Heinrichs (I.), den Wolf fälschlich auf Sagittarius S. 68 citirt, dort

Comes de Glichin genannt, de Ao. 1277?

Also Wolf citirte unrecht und meinte wohl die S. 69, wo es in der Urkunde von 1283 heisst:

„Nos Albertus dei gratia Comes de Glichenstein recognoscimus et praesentibus literis publice protestamur: quod quam cito praeclarus vir Albertus comes de Glichen patruus noster dilectus terram Thuring. intraverit etc. etc.

Was soll diese Urkunde beweisen?

Sie beweist höchstens, dass sich ein einzelner (nach Wolfs Ansicht vermeintlich Lambert'scher) Descendent speziell de Glichenstein nannte, wohin er irgend wann abgetheilt worden war. Im Uebrigen schlägt sich Wolf mit dem (vermeintlich auch von Lambert herrührenden) patruus noster dilectus Albertus comes de Glichen wieder.

Und was steht, Sagittarius S. 64, in der Vermächtnissurkunde an das Kloster Georgenthal de Ao. 1269?

„Nos dei gratia Ernestus et Heinricus fratres Comites de Glichen."

Sind das auch die Nachkommen des „Lambrechts Sohnes" Heinrich I., welche sich, wie er, immer „de Glichenstein" nannten??? Und was steht, Sagittarius S. 65, in der Verkaufsconsens-Urkunde für das Kloster Georgenthal de Ao. 1276 (wo wohl der Enkel Ernst III. gemeint ist)?

Es steht da:

„Hinc est, quod nos Heinricus dei gratia Comes de Gleichen. —"

Es ist also unwahr, dass, wenn die fraglichen, von Wolf auf S. 154 und 158 als „Söhne und Enkel" des Lambrechts II. aufgeführten Grafen wirklich diess gewesen wären, sich dieselben Alle und immer „de Glichenstein" oder „Glichen de Glichenstein" genannt hätten.

b) Aber — unter beständiger Erinnerung, dass die ganze Descendenzaufstellung Wolf's in Betreff Lambrechts II. falsch ist — aber Wolf schlägt sich nicht allein überall bei der Behauptung, dass sich die Nachkommen Lambrecht's II. von 1246 und beziehungsweise 1249 an immer „de Glichenstein" oder „Glichin de Glichenstein" nannten; er schlägt sich auch mit der Behauptung, dass sich die Nachkommen des (angeblichen Lambrechts II. Sohnes") Ernst — immer de Glichen nannten (S. 155).

Auf S. 159 §. 95 nennt er als Söhne des dem Lambrecht II. octroyirten Ernst — (wir abstrahiren davon, dass dieser höchst wahrscheinlich geistlich war) „Erwin und Albrecht von Gleichen —" und schon auf S. 160 infra sagt er, dass sich fraglicher Albrecht den Namen „de Gleichenstein" beilegte.

Beweis gegen Wolf durch in selbst. —

Aber es gilt bei dieser Gelegenheit wieder, das kritische Talent Wolfs zu betrachten.

c) Er sagt auf fraglicher Seite 160 infra, dieser Albrecht habe sich jenen Namen beigelegt, „als er mit seinem Mündel Heinrich von Gleichenstein ihr beiderseitiges Recht über Hermann von Annarode, dessen Ehefrau, Kinder und Güter an das Kloster Annarode für 7 Mark überliess. Unter anderen Zeugen war auch der Vogt auf dem Gleichenstein Dietrich von Tastungen."

Die Annahme eines „beiderseitigen" Rechtes ist eine reine Phantasie! Denn wenn auch unter den Zeugen Einer vorkömmt als „Advocatus noster de Tastungen in Glichenstein", so heisst dies „noster" nicht so viel, dass Albrecht auch ein Recht auf Gleichenstein hatte, sondern er spricht als „Vormund" mit seinem von ihm vertretenen Mündel.

Aber das Auferbaulichste ist, dass sich Albrecht in der von Wolf vorgebrachten Urkunde von 1288 (Urk.-Buch S. 42) doch wieder nicht so nennt, wie er sich Wolf zu Folge dieser „Beiderseitigkeit" nennen müsste. Er nennt sich nämlich Comes de „Glichen".

Aber es steht doch in der Urkunde:

„— — jus, quod tam ipse, quam nos in Hermanno de Aniroda, uxore ac bonis suis habuimus."

Allerdings; aber was hat dies gemeinschaftliche „Einzelrecht" an Hermann, Frau und Grundstücken mit dem ganzen Besitz von Gleichenstein zu schaffen? Der beste Beweis, dass Albrecht nichts mit Gleichenstein für sich hatte, liegt ja eben im Eingang der Urkunde, wo er sich de Glichen nannte und nominell in keine weitere als „vormundschaftliche" Beziehung zu Gleichenstein trat.

So verhält es sich mit Wolf auf S. 160 infra und 161 oben.

Und sogleich darauf, S. 161 §. 96, sagt er [der ursprünglich (S. 155) alle Nachkommen seines, für Lambrecht II. gewollten, Ernst als immer „de Glichen" und nie „de Glichenstein" benannt haben wollte] von Graf Hermann von Gleichenstein, Domherr zu Mainz: „Da er sich von Gleichen schrieb, so stammte er ohne Zweifel mittel- oder unmittelbar von Graf Ernst (n. b. dem Sohne Lambrechts II.!) ab — und doch nennt er ihn selbst „von Gleichenstein"!! —

d) Wenden wir uns, um die gemachte Descendenz Wolfs gänzlich zu betrachten, noch an den von ihm auf S. 162 zuletzt vorgeführten

„Heinrich von Gleichenstein."

Wolf sagt:

„Heinrich war der Sohn des 1283 verstorbenen Grafen Albrecht von Gleichenstein. Ao. 1283 fing er einen schriftlichen Aufsatz mit diesen Worten an: Nos Henricus Comes de Glichen junior, natus quondam Comitis Alberti de Glichenstein — worin er das Schloss Vieselbach mit allem Zugehör als

Lehen der Stadt Erfurt übergab. Anderswo spricht er — „pater noster dominus Albertus, comes bonae memoriae". Seinen Vater hat Heinrich noch minderjährig verloren und deswegen über 10 Jahre unter „Vormundschaft" gestanden. Der erste Vormund war sein Vetter Albrecht von Gleichen. Nach dessen Tod vertraten diese Stelle seine beiden Oheime Hermann und Albrecht, Grafen von Lobdeburg.

Zur Würdigung der für Heinrich „concreten" Natur der zwei Angaben Folgendes:

Dass ein Heinrich de Glichenstein unter Albrechts von Gleichen Vormundschaft stand, ist richtig laut Urkunde von 1288.

(Wolf Urkundenbuch S. 42. Urk. III.)

NB. Ob aber die Urkunde von Ao. 1290, Sagittarius S. 71, wo von den Grafen von Lobdeburg die Rede ist, auf die Behauptung Wolfs wegen einer zehnjährigen Vormundschaft über seinen Heinrich von Gleichenstein passt, und mit dieser letzteren Urkunde nicht ein „anderer" Heinrich von Gleichenstein gemeint ist — welcher, wenn er auch junior hiess, nicht etwa der Jugend wegen, sondern aus anderen Gründen zwei Lobdeburger Grafen vorgesetzt erhalten hatte — ist eine andere Frage — — indem diese zwei Grafen nicht Tutores, sondern Curatores genannt werden. (S. Sagittarius S. 71. Urk. v. 1290.) Und die Urkunde von 1290 muss in Betracht gezogen werden, da die „Vormundschaft" ja von Ao. 1283—1293 laut Wolf gewährt habe.

Jedenfalls erhellt aus dieser Urkunde nicht, dass der betreffende Heinrich von Gleichenstein der Sohn des Albrechts sei, der 1283 an der Pest starb — und dazu kömmt, dass es noch einen „Heinrich" gab, der sich von „Gleichenstein" zu nennen das Recht hatte —

nämlich:

Graf Heinrich III., der Sohn Graf Heinrich II., des Sohnes des Ernst III. —

Dieser theilte sich (v. Sagitt.) mit seinem Bruder Ernst V. (also auch Sohn Ernst III.) auf Eichsfeld und Haus Gleichenstein, schrieb sich selbst daher, desgleichen schrieben sich so seine Söhne, worunter ein „Heinrich", und dieser konnte sich also „de Gleichenstein" schreiben und wurde auch so bezeichnet.

Eine Urkunde über diese „Theilung" führt Sagittarius allerdings nicht an.

Aber Wolf führt für die Theilung (unter von ihm vermischten Personen) auch keine an.

Da ihm nun überall die Verwechslung nachgewiesen ist, andererseits später eine „Art" Austheilung offenbar factisch doch stattfand und die Wolf'sche keinen Werth hat, so bleibt nur die des Sagittarius übrig, mit welcher er sich auf seine Vorgänger fusst, dem zu Folge zwischen den Söhnen Ernst III. in der Art getheilt wurde, wenn man das „Theilung" nennen will, dass die zwei ältesten Söhne die Gleichen'sche Herrschaft führten und sich davon in Urkunden spezifisch nannten — die anderen aber wohl sich mit den Renten des übrigen Besitzes begnügten, bis der nächst Aelteste nach dem Tode des einen der zwei regierenden Brüder an die „Mitregentschaft" kam und die anderen zwei, wie bekannt, ihre weitern, mit Gleichen nicht in Verbindung stehende Entwicklung und Stellung nahmen. Sie lebten bis dahin von angewiesenen Einkünften relativer, anderer Güter; in der weiteren Descendenz taucht dann, zu Folge einer der Zeit nach speciell unbekannten „spezifischen Gutsanweisung", ein oder der andere Gleichennachkomme mit der Zubezeichnung einer Burg auf.

III.

Aber wir kommen jetzt von der durch Wolf ganz irrthümlich in Frage gestellten Descendenz des Ernst III., dem er seine Kinder zum Vortheil Lambrechts II. nehmen wollte, auf die Gründer der zurecht gestellten Descendenz selbst, nämlich eben auf Lambrecht II. und Ernst III. — und mit ihnen auf deren Vater Erwin (IV.), dessen Bruder Ernst die Cisterzienser-Abtei Reifenstein gründete. (Wolf Urkundenbuch S. 11, Urk. IX.)

Betrachten wir die Angaben und die Behandlungsart Wolf's.

Zuerst Erwin den Vater Lambrechts II. und Ernst III. betreffend:

Von diesem Erwin sagt Wolf S. 149, Z. 18 „er hatte auch Töchter" und nennt sie als Gemahlinnen des Poppo von Wasungen und des Dietrich von Berka. Aber wo bringt er den „Beweis", der sich mit Beweisen „über" Sagittarius so zu gut thut, dass die fraglichen Frauen die Töchter des in Frage

stehenden **Erwin** (IV.) waren und nicht eben so gut die Töchter des noch früheren Erwin?
Nun zu den Söhnen Erwins (IV.).
— Lambrecht II. und Ernst III. —
Wir folgen Wolf Punkt für Punkt, erlauben uns aber, vorher noch statt auf Wolf §. 91, vorher auf §. 92, S. 151 einzugehen:
1) Wolf bestreitet S. 152, dass diese Grafen je Schlösser bei Göttingen gehabt haben, weil sie sich vor ihrer Ankunft in Thüringen immer de Tunna oder Tonna schrieben; weil die Bergo bei Göttingen nie Gleichen oder Glichen, sondern Lychen, Lichen oder Ligen hiessen und weil in den originibus Guelficis solcher Schlösser keine Erwähnung geschieht.

Wie sich das verhalte und wie viel oder wenig sich über diese Punkte für und gegen sagen lasse, ist hier gleichgültig, indem man es mit den Grafen Gleichen in ihrer Präsenz in Thüringen zu thun hat, eingerechnet die Besitzungen, welche historisch mitspielen; es ist also genug, dass Wolf S. 152 bestätigt: Es habe sich das Grafengeschlecht zuerst durch Erwin, Vater des Lambrecht und Ernst, de Glychen und zwar schon im Jahr 1162 geschrieben, wie denn auch derselbe Graf Erwin, der Vater Lamberts II. und Ernst III., auf Gleichen domicilirte. (Sagitt. S. 44, Z. 12.)

Von daher schrieben sich denn auch diese Söhne und das weitere Grafengeschlecht „im Ganzen" die Grafen von Gleichen.
Nun zu §. 91.
2) Wolf sagt im §. 91, S. 149, wo er von Lambrecht (II.) und Ernst (III.) verhandelt:

„Lambrecht habe sich bald de Glichin, bald de Erphord, auch de Tunna — — und Ernst (III.) nie anders, als Ernestus Comes de Velsseke genannt. Beide mögen wohl diese Benennungen von ihren Wohnsitzen hergenommen haben."
Hierauf ist zu entgegnen:
Dass Ernst sich nie anders schrieb ist unerwiesen. Denn wenn Wolf auch im Urkundenbuch Seite 15 und 17, Urkunden XV. und XVII. zweimal solche Bezeichnung vorbringt, so ist deshalb nicht hergestellt, dass sich Ernst überall und immer von Velsseke schrieb; und selbst dass er sich in diesen Fällen so schrieb, beweist nicht, dass er, wie aus Wolf weiter

hervorgehen soll, mit Gleichen gar nichts zu schaffen gehabt habe. Denn so gut sich Lambrecht nach verschiedenen augenblicklichen Wohnsitzen schrieb, eben so gut kann sich auch Ernst, trotz des Mitbesitzes von Gleichen, namentlich in den ersten Jahrzehnten, von seinem etwa augenblicklichen Wohnsitz Velsseke benannt haben, da er Urkunden ausstellte. Abgesehen davon, kann sich aber Ernst, wer weiss, in wie vielen, eben eben nicht mehr vorhandenen Urkunden auch anders und insbesondere auch von Gleichen genannt haben, wie auch etwa gar de Tunna; was ihm von Wolf wohl wegen von früherher nicht streitig machen könnte.

Uebrigens geht eben aus jener Verschiedenheit der Titulatur des Lambrecht ziemlich deutlich hervor, dass die zwei Brüder, in scharfem Sinn genommen, zur Zeit, da sich Ernst von Velsseke nannte, noch ungetheilt waren.

Jedenfalls ist durch Wolf aber keine Urkunde nachgewiesen, welche den Ernst vor dem Jahre 1209 als Comes de Velssecke speciell aufweist — (Wolf Urkunden-Buch, Urk. XV.); denn was der Continuator Lamberti Schaffenburgensis über die Belagerung bei Weissensee de Ao. 1204 sagt — (Sagittarius S. 45), wobei Lambert oder Lambrecht „comes de Glichin" genannt wird, schliesst nicht in sich, dass Lambrecht der „specifische" Graf von Gleichen schon gewesen sei, sondern er konnte es eben vor einer absoluten, nicht nachgewiesenen Theilung nicht mehr und nicht weniger sein, als sein Bruder Ernst auch.

Andrerseits ist, wenn auf eine, gewiss keine frühe Theilung daraus zu schliessen, dass sich Lambrecht im Diplom von Ao. 1193
(Sagitt. S. 45)
eben nicht speciell Comitem de Glichen, sondern Advocatum Erfordiensem nennt, was aber Ernst, da kein Gegenbeweis da ist, auch, mindest als Ersatzmann war.

Sagt man, die Urkunde ist in ihrem Contexte, wo dann der Comes de Glichin etwa noch vorkommen könnte, eben nicht abgedruckt, so bliebe der Beweis zu führen, dass jene specifische Bezeichnung drin gewesen sei — was dann aber im Fall des Gelingens dem Ernst, als auch einem comes de Glichin doch nicht präjudicirte.

Wie Dem nun, mit dem comes in oder nicht in der Urkunde sei — Sagittarius fehlte durch den nicht völligen Abdruck nicht mehr, als Wolf S. 150 auch fehlte, indem er jene Urkunde nicht abdrucken liess, in welcher (wie er meint, der III.) Ernst an das Kloster Zelle 13 Huben Landes verkaufte — so dass also dieser Ernst III. (der Träger der Gleichensage) in diesem Jahre noch gelebt haben müsste; — und als comes de Velssecke bezeichnet gewesen ist.

Man zeige die von Wolf S. 150 unter S. genannten „Manuscripta Cellensia"!!

Und wenn auch de Velsseke darin stünde, so wäre es doch noch nicht bewiesen, dass der in den Manuscripten vorkommende Ernst Ernst III. der Bruder Lambrechts II. sei. Denn die Behauptung auf den Namen Velssoke hin genügt, da das Schloss im Gleichenbesitz einmal für allemal war, nicht; und Wolf bewiese, wenn jene Manuscripte da und die Titelangelegenheit in Richtigkeit wären, nicht, dass Ernst der III. 1230 noch gelebt habe, sondern er müsste erst anderweitig beweisen, dass Ernst III. in dem Jahr noch gelebt habe, um der Ernst sein zu können, welcher in den Zellensischen Manuscripten vorkömmt!

Wenn nun der in den Manuscripten stehen sollende, Ernst Graf zu Velssecke nicht erweislich der Bruder Lambrechts II. ist, zu welchem ihn Wolf §. 91 machen möchte, — welcher Ernst kann es gewesen sein? Die Antwort ist einfach.

Da Wolf von jenem Ernst, welchen er S. 154 als (angeblichen) Sohn des Lambrecht II. hinstellt (angeblich, weil er dem Ernst III. angehört), keine Urkunde vorbringt, welche auf jenes Jahr Bezug hat, als eine solche, aus welcher oben I. schon bewiesen wurde, dass alle darin vorkommenden Söhne und darunter Ernst dem Ernst III. angehörten — — so ist der in den Zellensischen Manuscripten ohne allen Zweifel jener Ernst, welchen Sagittarius S. 48 als „wirklichen" Sohn des Lambrecht II. aufstellte und als Ernst IV. genannt wurde.

Blicken wir nochmals zum Ausspruch, es sei nirgends von Wolf erwiesen, dass sich Ernst III. immer nur de Velsseke schrieb. und wiederholen, dass, wenn er es auch öfters that, eben so wie sich sein älterer Bruder verschieden nannte, das gar nichts zu sagen hat. Er war, wie Lambrecht, ein Sohn Erwins, Grafen zu Gleichen; von seiner Jugend an hiess ihn das Volk gewiss einen jungen Grafen Gleichen, und wenn er auch von 1209 an öfter und länger auf

Velsseke gelebt hat oder hätte, so hindert das doch nicht, dass ihn das Volk nach wie vor stets den Grafen von Gleichen nannte. Dass sich übrigens damals Gleichen'sche Grafen im allgemeinen Sinn von nicht effectivem Burgbesitz doch gelegentlich nach solchen relativen Burgen nannten, beweist Wolf selbst
(S. 155 infra)
bei den Söhnen Heinrich's, welchen er mit „Recht" zum Sohne Lamberts II. macht:

„indem keiner seiner Söhne, ungeachtet sie sich de Glichenstein nannten, dieses Schloss wirklich besass."

Also wird sich wohl auch Ernst III. mit Lambrecht II. einen Grafen zu oder von Gleichen und das Volk ihn so genannt haben dürfen, selbst wenn er, wie aber nicht erwiesen ist, keinen Antheil an Burg Gleichen gehabt hätte.

Wie es aber nicht allein das Volk, sondern auch die gelehrtere und schreibende Welt mit derlei Titeln hielten, beweist das Sampetrinum ad Ao. 1234; wo es, in der Voraussetzung, dass der (böse) Heinrich I. (Lambrechts II. Sohn) Velssecke besass, einmal heisst

„Ao. 1234 is Cal. Jun. Landgravius cepit Castrum Velsecke Heinrici Comitis de Glichen" etc. und dann

„Hoc anno Heinricus Landgravius pertaesus malorum, quae passus est ab Heinrico Comite de Glichen" etc.

Wenn nun schliesslich nicht in vollkommene Abrede gestellt werden will, dass man sich in der „weiteren Descendenz" (laut Wolf S. 155; nur dass er den Theilern den unrechten Vater giebt) abgetheilt habe — (die Schärfe fehlt, wie sich denn auch Wolf mit „soll" ausdrückt) — so dass man sich einerseits de Glichen, andererseits de Glichenstein oder Glichen de Glichenstein nannte, so erweisst sich doch eben aus Letzterem, dass man die etwa augenblicklich im Besitz irgend einer Burg befindlichen Grafen doch eben auch Gleichen nannte.

Was demnach bei anderem Burgbesitz, wie also auch Velssecke Platz griff.

Weshalb Ernst III., wenn selbst von 1209 an langjähriger Besitzer von Velsecke, sich immerhin einen Grafen von Gleichen zu nennen hatte.

Und wenn die Verschiedenheit der Besitzungen mit längerem oder kürzeren Aufenthalte den Namen Gleichen ausschlösse, so könnte man gar nicht von einer Geschichte der Grafen Gleichen sprechen; eines Geschlechtes, welches in mehrere Linien zerfiel und davon wieder verschiedene Besitzungen und Einzelschlösser von grösserem und kleinerem Werthe ingehabt wurden. In Betreff des 13. Jahrhunderts werden diese vielfachen Radien wohl nie mehr, was den Besitz und den Wandel desselben betrifft, ganz zu lichten sein. Aber so viel steht fest, dass sich alle dem Geschlecht Angehörigen, was immer sie besitzen mochten, und ob früh oder spät, für kürzere oder längere Zeit, Grafen von Gleichen nennen und so genannt werden konnten.

Insonderheit aber konnte sich Ernst III. bis 1209 ganz gewiss Graf zu und von Gleichen nennen und genannt werden — und später mindestens gewiss von Gleichen.

Zwischenbetrachtung.

Wir können aber (uns für kurze Zeit von Wolf abwendend), von einer noch näheren Betrachtung Ernst III., als eines Grafen zu Gleichen, noch nicht absehen — weil der Urgrund dieser vorliegenden, kritischen Arbeit doch einmal in jener ersten Abhandlung über „Ernst III. dessen Doppelehe und das Gleichen-Grabmal" liegt.

Es wurde dort aufgestellt, Allem zu Folge habe Ernst III. den Kreuzzug von 1188 mit angetreten, sei nach einigen Jahren zurückgekommen, was aus seiner um diese Zeit ersichtlichen Anwesenheit in Thüringen erhelle, worauf sich dann die weiteren Vorgänge an Gleichen knüpften, bis die Frauen starben und Ao. 1227 Ernst selbst — unausgesprochen, ob zu Gleichen oder wo anders.

Es wird gebeten, das Jahr 1188 mit dem Zeitraum bis 1209 in Verbindung zu bringen, in welch letzterem Jahre eine Urkunde (Wolf Urk. XV.) den Ernst III. als Graf von Velsecke bezeichnet, während keine frühere gleiche da ist, wenn aber auch — wie nicht — aus oben entwickelten Gründen nicht auf die Eigenschaft Ernsts als Grafen von Gleichen Einfluss hätte.

Als Ernst III. 1188 den Kreuzzug antrat, hatte er bis da wohl, indem sein Vater Erwin schon alt war, auf Burg Gleichen gelebt — und da sein Vater, wie ausser Zweifel ist, auch noch bei seiner Rückkunft lebte und noch älter war, wird **Ernst** wahrscheinlich auch wieder auf **Gleichen** gelebt haben; und wenn sein Vater dann auch bald starb, so ist kein Grund da, welcher ausschlösse, **Ernst** III. habe nicht bis mindest 1209 auf **Gleichen** gelebt — etwa bis zum Römerzug mit König Otto. (**Wolf** S. 150.)

Denn eine Theilung mit **Lambrecht** II. auf diesen fraglichen **Zeitraum** ist nirgends nachweisbar, und es war für **beide Brüder** nebst Familen Raum auf Gleichen, um so mehr, als **Lambrecht** nur 3 Söhne hatte, und noch einmal um so mehr, als nicht nachgewiesen ist, dass **Lambrecht** im fraglichen Zeitraum überhaupts regelmässig auf **Burg Gleichen** lebte.

Angenommen aber, **Ernst** III. habe, wozu aber kein Behelf da ist, kurz vor dem Kreuzzugs-Antritt wirklich nicht auf Gleichen gelebt, sondern sein Vater **Erwin** (II.) habe ihm, als dem auch schon verheiratheten, jüngeren Sohn eine andere Burg zum vorläufigen „Wohnsitz" gegeben gehabt, — ist es nicht im höchsten Grade wahrscheinlich, dass, als **Ernst** III. den fraglichen Kreuzzug antrat, sein **Vater Erwin die (deutsche) Gemahlin des Ernst** III. **nebst Kindern zu sich auf Burg Gleichen** nahm, und dass denn Jene da lebte, trauernd, weil von **Ernst** nichts mehr verlautete, erfreut und grossmüthig, als er mit der Melechsala dennoch wiederkehrte.

Konnte Ernst III. dann nicht bei seinem Vater und, als dieser um Einiges später starb, bei seinem Bruder und Miterben von Burg **Gleichen** bleiben?

Konnte er nicht um so leichter da verweilen, als eben sein Bruder Lambrecht II. höchst wahrscheinlich um die Zeit seiner Ankunft gar nicht auf Schloss **Gleichen**, ja, wie es scheint, gar nicht in Thüringen — aber deshalb nicht etwa im Orient — war.

Denn man sehe die Urkunde XIII., **Wolf** Urk.-Buch S. 14 de Ao. 1191:

Da lebte Vater **Erwin** wohl (u. W. III.) noch, als die Wittwe dessen Bruders **Ernst II.** an Kloster **Reiffenstein** eine Schenkung machte.

Wie heisst es da?

„Quod vidua comitis Ernesti (II.) domina Guda et filie ejus, accedente etiam benigno consensu Comitis Erwini (u. W. III.) et filii sui **Ernesti** (III.) — — —"

Was drängt sich bei Betrachtung dieser Stelle unleugbar auf? Für's Erste der schlagende Beweis, dass Ernst III., welcher mit dem 1188er Kreuzzug Deutschland verliess, im Jahr 1191 wieder daheim gewesen sein müsse, also nur drei Jahre lang — allerdings lange genug für die gerechte Besorgniss der Seinen, für sein Schicksal und dessen Lösung — ferne ab gewesen sei.

Für's Zweite, dass Lambert II., der ältere Bruder, nicht genannt sei.

Er wäre, falls anwesend, doch gewiss in der Nähe des Bruders gewesen, welcher nach langer Zeit zur Freude Aller zurückgekehrt war — also auch bei Vater Erwin — wäre mit Jenem bei fraglicher Handlung betheiligt gewesen und zum Consens gewiss beigezogen worden, ja sein Name stünde noch vor dem des Ernst III.

Also er war nicht da.

Und da dann Vater Erwin bald starb, sollte Ernst III. nicht auf Gleichen geblieben sein, bis Lambrecht wiederkehrte — und, wie gesagt, konnte er es nicht auch dann? Und was alles auf die „Gleichensage" Bezügliche kann nicht auf Gleichen geschehen sein (Türkenweg etc.), bis die (angebliche) Theilung eintrat, resp. bis sich Ernst 1209 einmal als Graf (Besitzer) von Velssecke schrieb? — was dann, wie oft gesagt, auf das Frühere und die Gleichensage nicht hinderlich influenzirt und für später eben so wenig auf die Eigenschaft Ernst's III. als Grafen Gleichen!

Ging dann, unzugegeben, nach circa 18 Jahren (nach 1191 — 1209) die Theilung wirklich vor sich, — Lambrecht II. zu Gleichen, Ernst III. zu Velssecke — trug Ernst III. nicht den Namen Graf Gleichen im Auge aller Welt mit sich fort?? Konnte er nicht die weitere Zeit als „Gleichen" auf Velssecke leben (natürlich nach seiner Rückkehr vom Römerzug), nicht als solcher seine nacheinander verstorbenen Frauen in der Erfurter Petersklosterkirche begraben lassen und als Graf Gleichen seiner Zeit dort zu ihnen begraben werden??

Wenn sich weiters an Velssecke nichts von der „Gleichensage" heftet, ist dadurch das aufgehoben, was sich von derselben an Burg Gleichen knüpft. — Ja beweist dies nicht sogar selbst für die Gleichensage? Aber es hätte sich doch in der Velssecker Gegend etwas von der „Gleichensage" in irgend einer

Weise besonders traditionell oder gar chronical geltend gemacht, wenn Grund da wäre?

Wenn sich an die Velssecker Gegend, Schloss oder sonst wo, nichts von der Sage, etwa in ihrem „weiteren Verlauf bis zum Tod der drei Personen" knüpft, so wusste man wohl deshalb jenes Doppelverhältniss dort um nichts minder — und wenn Ernst III. in fraglicher Gegend gestorben wäre — oder doch begraben worden wäre, so hätte sich die Gleichensage eben im Velsseck'schen besonders erhalten.

Aber da der wesentlichste Theil der Gleichensage sich auf Gleichen abwickelte und zu Velssecke nirgendwo ein deutendes Denkmal entstand, so verschwand die Sage in real „anknüpfender" Weise mehr und mehr für den Ort, wo sie (wenn Ernst III. im Velsseck'schen gestorben) doch nur zu Ende gespielt hätte — und blieb lebendiger an dem Orte, wo das Grabmal errichtet wurde.

Und weshalb wurde das Monument, angenommen, dass Ernst auf Velssecke starb, in Erfurt errichtet?

Dafür giebt es wahrlich Gründe genug, von denen gewiss die letzten nicht sind, dass Erfurt nicht allzuweit vom ersten und lange Jahre gültigen Schauplatz der Handlung lag; dass das Gleichengeschlecht in Erfurt das glanzreiche war; dass das Denkmal in einer notorisch bedeutenden Kirche für alle Zeit stehen sollte, als Beweis der Zulassung des „eigenthümlichen Verhältnisses" von Seite des Pabstes; ja selbst der Name der Klosterkirche, als der an Petrus (implicite den Begriff Fels der Kirche, Petrus, Pabst) gemahnenden, konnte werthvoll erscheinen, hatte doch der Papst, der Nachfolger Petri, die Sache zugegeben.

Und es musste dem Ernst (und musste seinen Söhnen) daran liegen, dass er mit seinen zwei Frauen an hochansehnlicher Stätte ruhe; denn wenn er auch im Leben, seiner Doppelehe wegen, wohl im Ganzen unangefochten blieb, so mochte ihm doch wohl lieb sein, etwaigen viel späteren Nachreden zu entgehen, als sei sein Verhältniss doch nur ein ungesetzliches gewesen.

Also ruhte er denn zu Erfurt in St. Peter mit seinen Frauen, der Graf von Gleichen, der sich, gelegentlich seiner jeweiligen Qualität als Besitzer von Velssecke, auch von daher schrieb, wenn er wollte, wie dies sein Bruder Lambrecht auch in seinen Beziehungen that und thun konnte, wenn es einen Specialbesitz zu bezeichnen galt.

Fortsetzung
der Vertheidigung des Sagittarius gegen Wolf.

Hiemit kehren wir zur weiteren Würdigung der Angaben Wolfs über Lambert II. und Ernst III. zurück, resp. zu seinem §. 91 S. 150:

3) Wolf sagt da Z. 4:
„Graf Lambrecht (II.) giebt uns wenig, Ernst (III.) mehr Stoff zur Geschichte."

Sehr gut! Von Lambert ist nichts zu berichten.
Er ignorirt die Belagerung bei Weissensee Ao. 1204, wobei Lambrecht als besonders tapfer genannt wird,
  (Sagittarius S. 45)
den Bekräftigungsbrief König Philipps für Bischof Heinrich von Würzburg —
  (Spangenberg Henneb. Chr. 2. B. 21. C.)
die Vergleichsurkunde der Erfurter Bürger mit dem Kloster zur Pforten durch Lambrecht — de Ao. 1212,
  (Sagittarius S. 46)
das Privileg des Lambrecht an Kloster Georgenthal,
  (Sagittarius S. 47)
das gleiche für Erfurt de Ao. 1217,
  (Sagittarius S. 47),
das für das Kloster von Walkenrode von 1223 im Chronicon Walkenredensi — und noch viel mehr ignorirt er.

So ungemein wenig weiss Wolf von Lambert II. zu berichten.

Aber von Ernst (III.) weiss er mehr zu berichten.
A) Er citirt die Urkunde von 1209 (Wolf Urkundenbuch Urk. XV.), wo sich Ernst III., der sich hier de Velssecke schrieb, bei Gelegenheit des vorhabenden Römerzuges mit König Otto, mit Abt Bertram wegen 20 Mark, unter Pfandgabe für 50 Mark (also 30 mehr) verglich, — resp. wobei ihn der Abt der Verpflichtung, ein „votirtes" Oratorium im Reifensteiner Kloster zu errichten, entlässt.

Wir hätten Wolf in Betreff dieser Urkunde nicht weiter zu verfolgen, sondern nur zu constatiren, dass keine andere Urkunde vorliegt, laut welcher Ernst III. die verpfändeten Grundstücke wieder „ausgelöst" habe; so dass also für diese Grundstücke (welche den Votumsloskauf per so und so viel Mark repräsentirten) Ernst von der Pflicht des Oratoriumsbaues ein für allemal ledig blieb.

Aber wir ziehen diese Urkunde doch in näheren Betracht aus ein paar anderen Gründen.

Von diesen Gründen ist der erste: Dass aus dieser Urkunde die etwaige Annahme widerlegt wird, als habe Ernst III. Grund gehabt, sich eine Grabstätte etwa in Reifenstein (und nicht im Peterskloster zu Erfurt) zu wählen, indem das fragliche Kloster von seinen Vorfahren gestiftet worden sei.

Das Kloster Reifenstein wurde von Graf Ernst von Tonna gegründet.

(Wolf Urkundenbuch S. 11 Urk. IX.)

Da nun Wolf, S. 149, wie richtig, Z. 5 6 folgend sagt:
Ernst von Tonna habe keine Söhne gehabt, wie dies auch aus der Urkunde hervorgeht,

(conniventia heredum meorum, videlicet Comitis Erwini fratris mei, uxoris mee Gude et Filiarum mearum)

sein Bruder aber zwei Söhne hatte —

(Testes etc. frater meus Erwinus et filii sui Lambertus et Ernestus)

so ist zwar im Ganzen einzusehen, dass Letzterer, Ernest III., einmal ein Oratorium zu dem von seinem Oheim gestifteten Kloster bauen wollte — aber es ist nicht einzusehen, weshalb es ihn besonders gedrängt haben sollte, sich dahin dereinst „begraben„ zu lassen, da er sich sogar von seinem Votum loskaufte — man sehe nur wörtlich —

(S. Wolf Urk.-Buch Urk. XV. von 1209)

„conveni cum Abbate Bertramo et conventu, ut propter etc. etc. 50 marcas acciperent et tam a debito viginti marcarum, quam a voto monasterii (oratorii) construendi me absolverent„ —

und ist es um so weniger einzusehen, als er kein Sohn des Stifters Ernst II. war, sondern ein Sohn Erwin's, der nicht gestiftet hatte, sondern nur „zur" Klosterstiftung seines Bruders auf gemeinschaftlichem Boden beigestimmt hatte.

Der Boden war aber Erwin und Ernst gemeinschaftlich, indem Ernst III. sich in der Urkunde XV. ausdrückt Z. 5:

"Parentum meorum (meiner verwandtschaftlichen Vorgänger) in quorum fundo locatum erat Coenobium."
Der zweite Grund, weshalb wir die Urkunde von 1209 in Betracht ziehen müssen, ist, weil sich darin erweist, dass Ernst III. Töchter gehabt habe — es heisst nämlich in der Urkunde: „ad Consensum uxoris et filiarum mearum."
Der dritte Grund ist die „eigene" Anführung dessen, was gegen die Doppelehe Ernst III. von Gegnern benützt werden könnte. In der Urkunde heisst es nämlich:
„ad Consensum uxoris et filiarum mearum."
Wenn er nicht sagte uxorum mearum (!), so ist damit nicht gesagt, dass er nicht zwei hatte; so genau wollte er sein Doppeleheliches Verhältniss etwa doch nicht auseinandersetzen, sondern sagte im Allgemeinen „uxoris", namentlich einem Kloster gegenüber, welchem er in unangenehmer Geldverlegenheit noch dazu pflichtig war. Vielleicht war aber auch die zweite Frau, die ursprüngliche Sarazenin schon gestorben und sein Oratorium votum mochte damit in Zusammenhang stehen, weil er Z. 4 gar eigenthümlich sagt:
„in remissionem peccatorum injungenti de propria substantia."
Indessen können ihm diese Scrupel doch auch in Betreff der wenn noch lebenden zweiten Frau gekommen sein, als er das Votum that, an das er in der Urkunde erinnert, und es wird unserseits dieses für das Wahrscheinlichere gehalten, so dass also beide Frauen lebten, aber nur das Heirathsverhältniss in toto et genere durch „uxoris" bezeichnet wurde.
Und dass dies die Absicht war, geht besonders daraus hervor, dass der „Name" der „uxor" nicht beigefügt ist.
„Beide" wollte er sie nicht nennen; und die Nennung der „Einen" wäre wieder eine Negation der „Anderen" gewesen.
B) Weiter sagt Wolf von Ernst III., S. 150:
Laut Urk. von 1222
(Urk.-Buch bei Wolf S. 17 Urk. XVII.)
verkaufte Ernst seine Güter zu Schwertstette und einen Wald an das Kloster Reifenstein.
Ganz richtig.
Es ist auch richtig, „dass", wie Wolf sagt, „aus dieser Urkunde hervorgehe, dass Ernst eine Tochter Adela gehabt

habe; die aber, sagt Wolf, nicht, wie Sagittarius (der sie übrigens hier nicht namentlich bezeichnet) schreibe (Sag. S. 57), Frau des Grafen von Eberstein gewesen sei, sondern wie aus der Urkunde hervorgehe, die eines Grafen von Schartfelt —
„Consensu filiae mee Adele et Mariti ejus comitis Burchardi et filiorum ejus de Schartfelt."
Freilich geht das hervor.
Aber einmal ist die Urkunde von Ao. 1222, und es ist gar nicht abzusehen, weshalb „eine" Adela nach dem später eingetretenen Tod dieses Schartfeld nicht den Grafen Ludwig von Eberstein geheirathet haben konnte oder sollte, wie ihn Wolf S. 155 in der Anmerkung anführt.

Weiters aber und besonders hat die Note bei Wolf S. 155 der Angabe von Sagittarius S. 57 gar nichts zu schaffen.

Denn Sagittarius spricht von einer Tochter des Ernst III., welche einen Dietrich von Eberstein zum Gemahl hatte, nicht einen Ludwig.

Diese ist zweifellos, und aus allen Gründen war ihr Name Sophia, wenn Sagittarius auch an der fraglichen Stelle den Namen nicht nennt, und sie hatte eben eine Schwester, welche zuerst dem Burchard von Schartfelt und dann dem Ludwig von Eberstein angehörte, welche Adela hiess und gerade jene Adela war, welche Wolf auf S, 155 im Verein mit Sophia zur Schwester der fünf Grafen Ernst, Heinrich, Hermann, Albrecht und Lambrecht machen wollte!!

Aus dem eben Gegebenen erklärt sich der Ausdruck des Grafen Ernst III. in der Urkunde von Ao. 1209 (Wolf Urk.-Buch S. 19) „filiarum mearum".

NB. Weil aber Wolf aus der oben behandelten Urkunde von 1209 und der jetzigen von Ao. 1222 Schlüsse auf das Nichtvordensein von Söhnen des Ernst III. macht,
(Wolf S. 150)
so sind diese zwei Urkunden näher zu betrachten.

Urk. von 1209. Je nach Familienverhältnissen, Versprechungen oder vorläufigen Anweisungen an seine Töchter und Frau (implicite den förmlichen Consens des Bruders Lamberts zu einer Verpfändung von Gleichengütern überhaupt und zwar gar zur Abwerfung eines Votums) bedurfte Ernst nur des Consenses Jener, und nicht dessen seiner Söhne — Lambert nannte die Seinen auch nicht, weil sie nichts darein zu sprechen hatten; als Vater handelte er gegen ihr Recht nicht, brauchte also keinen Consens. Wenn also **Ernst III. Söhne** nicht genannt sind, so waren sie deshalb nicht nichtexistent. Es ist nur ihre Stimmung bei der Sache nicht ausgedrückt, wie ihr Consens nicht nöthig war. Hätte es sich um vorläufig **ihnen** angewiesene Güter gehandelt, so wären **sie** genannt und die **Töchter nicht.**

Urk. von 1222. Aus dieser Urkunde schliesst Wolf, dass Ernst dazumal ausser der **Adela** keine Kinder (resp. **seine zweite Tochter nicht mehr und ohnehin keine Söhne**) gehabt habe, weil es in der Urkunde heisst, wie schon oben angeführt:

„de „**consensu**" Filie mee **Adele** et Mariti ejus Comitis Burchardi et filiorum ejus de Schartvelt, nihilominus de bona „**voluntate**" et „**conniventia**" fratris mei **Lamberti** de Erphor et Filiorum suorum — „**omniumque heredum meorum**" — "

dazu heisst es Anfangs Z. 3 und 4:

„omnia bona mea in Schwegerstede, que hucusque in **libera** possedi proprietate."

Also **Ernst** hatte die Gründe etc. in freiem Eigenthume.

Da er aber Güter verkaufte, welche dem **Gleichengeschlecht** „überhaupt" gehörten, bedurfte er der des „guten **Willens**" und der „**Uebereinbarlichkeit**" seines Bruders Lambrecht und der Söhne desselben; des förmlichen „**Consenses**", „der **Zustimmung**" bedurfte er von Seite seiner Tochter **Adela**, ihres Gemahls des Schartfelt (und deren Söhne), weil sie wohl schon auf einen Gütercomplex versprechensweise, als auf den etwaigen Tod des Ernst III., einen Anspruch hatten — was „durante vita" die libera proprietas nicht aufhob, indem er unter anderweitiger Entschädigung immerhin frei disponiren konnte; — dass aber seiner Söhne (Kinder) nicht erwähnt sei, ist durchaus unwahr; im Gegentheil, sie sind, nur nicht namentlich angeführt, bezeichnet.

Ernst sagt nämlich Z. 7: omniumque **heredum meorum**.

Wer Anderes sollte dies sein, als seine **Söhne**, welche eben auch nur (bei freier Proprietät des Vaters) zum Verkauf von **Gleichengeschlechts-Gütern** „überhaupt" ihre **bonam voluntatem** et conniventiam beizusteuern hatten, gleichwie Lambrecht II. und dessen auch ungenannte Söhne.

Was seine **zweite** Tochter betrifft, so ist sie, wenn sie **lebte**, unter diesen „**meis heredibus**", oder wenn sie todt war, nicht mehr mitverstanden gewesen.

C. Weiteres sagt Wolf von Ernst III.:
das Kloster Zelle hat ihm Ao. 1230 13 Hufen Landes abgekauft.

Dass mit diesem Verkauf nicht Ernst III. zu schaffen hatte und deshalb auch kein Beweis geliefert wurde, als habe Ernst III. noch 1230 gelebt, wurde schon weiter oben nachgewiesen. (III. 2).

D. Weiteres weiss Wolf von Ernst III. nicht und sagt nur, seine eigentliche „Todeszeit" wisse man nicht. Nichts desto weniger überschreibt er S. 149 den §. 91 mit
Lambert und Ernst 1193—1230.

Dass sich Wolf auf die siegreiche Disquisitio Muths gegen die Bigamie Ernsts III. bezieht und ohne Grund das Gegentheil für abgemacht halte, wurde auch schon oben erwähnt, und es wird entgegnet unter hier nochmaligem Hinweise auf die dem historischen Verein von Erfurt vorgelegte Arbeit in diesem Betreff:

Es konnte kein anderer Graf, als Ernst III., das Grabmal zu Erfurt bekommen, da sich an keinen, als ihn, die Sage und der Denkstein hefteten — und die Ausflucht des Placidas Muth, es sei das Grabmal (Denkstein) dem „Sigmund" errichtet worden — abgesehen davon, dass bei Sigmund von einem „Kreuzzug" keine Rede ist und seine Ehen nirgends als „gleichzeitige" bezeichnet sind — schon durch den schlagenden Anachronismus der Monumenterscheinung an sich zu nichte ward; wie andererseits die Behauptungen Crousa Chebre's, **Lambrecht II.** sei der „Träger der Gleichensage" in nichts zerfällt. Denn 1) von ihm ging nie die Sage; 2) was er in Hinblick auf Lambert selbst zum Beweise sagt, ist nichts als Hypothese über Hypothese, und da er 3) mit den angeblichen Söhnen Lamberts etwas beweisen will, hat er sich einer Verwechslung schuldig gemacht. Denn die fünf fraglichen Söhne sind nicht die des Lambert II., sondern des **Ernst III.** — und dass Wolf sie nicht als Lambert'sche Söhne erwies (worauf von Crousa Chebre unwillkürlich gefusst wurde), hoffen wir hinlänglich kennzeichnet zu haben, indem wir Wolf's allseitiges Mischtalent, Nichtkritik und Willkür enthüllten, mit welchen beiden Eigenschaften er die Angaben des Sagittarius zu melioriren behauptete, an welchen Autor man sich diesseits hielt. —

E. Wegen **Ernsts III.** als „Träger der Gleichensage" sagt **Wolf** S. 150 unter folgendem: Er füge den „Gegenbeweisgründen" **Muths** nur noch einen bei, nämlich:

„Er habe den Kreuzzug von 1227 unmöglich mitgemacht, da er dazumal 70 oder gar 80 Jahre alt gewesen sei, indem er Ao. 1162 als Zeuge bei der Stiftung von Kloster **Reifenstein** war."

Aber ist denn chronical behauptet, dass Ernst III. gerade den 1227er Kreuzzug mitmachte?

Sagt nicht die, gleichviel ob **inter-** oder **nichtinterpolirte** Stelle bei **Sighen**

„ad haec tempora „**plerique**" referunt historiam **nominatissimam** Comitis etc. etc. —?"

Es wurde in dem Traktat über Ernst III. die Doppelehe und das Denkmal dies „**plerique**" schon erläutert; es geht daraus hervor, dass dies „meistens referiren" (**mündlich** und „nicht unausgeschlossen" **schriftlich**) beweise, dass auch vielfach **nicht** der 1227er Kreuzzug genannt werde.

Es kann sich also gar wohl um den 1188er Kreuzzug im Mund des Volkes und in irgend welchen (verlorenen) Aufschreibungen gehandelt haben, als der Niederschreiber jener Stelle sich an den späteren Kreuzzug hielt — abgesehen davon, dass er nicht **entscheidet.**

Wenn man die Zeugenschaft **Ernst's** bei der „Reifensteiner Klosterstiftung de **1162 (und nicht mehr reflectirend auf Ao. 1227 als Kreuzzugsjahr des Ernst, sondern als dessen Todesjahres)** mit einigem Werth für die „Gleichensage" belegen wollte, so ergäbe sich höchstens doch nur, dass Ernst bei seinem Tode noch um ein paar Jahre älter gewesen sei, als Verfasser dieser Zeilen in der Abhandlung über „**Ernst III. Doppelehe und Denkmal**" ungefähr berechnete; er hätte es also statt auf circa 69 Jahr auf vielleicht 74 oder 75 gebracht — was noch immer in keiner Beziehung ein exorbitantes Alter zeigte. Wir sagten oben um ein paar Jahr älter, denn in der Urkunde von 1162

(Wolf Urk.-Buch Urk. IX.)

liegt nicht, dass die vorkommenden **Lambert** und **Ernst** ein, wenn auch nur zehnjähriges Alter hatten. Wenn auch jünger, wurden sie eben von Erwin, ihrem Vater, von der ganzen Sache („hujus rei") „verständigt" und waren bei der Ausfertigung der Urkunde dabei, weshalb sie mit genannt wurden; wie man heutzutage auch noch Kinder, besonders in katholischen Landen, zu auf fromme Zwecke zielenden Akten beizieht und nach Umständen als „mitgegenwärtig gewesen" mit aufschreibt, ohne an Mangel des in rein juristischer Beziehung nöthigen „Zeugenalters" Anstand zu nehmen.

F. Eine andere Stelle bei Wolf S. 151, 1. Abs.

Er sagt: Lambert sei vor 1228 gestorben, weil er in diesem Jahr „bonae memoriae" genannt werde.

Man nennt in Urkunden nicht nur die Todten „bonae memoriae", sondern auch die Landesabwesenden und auch die Landesanwesenden, wenn sie nicht als Zeugen in einer Urkunde vorkommen, aber zu einer Bezeichnung nöthig sind.

Dass also Lambert vor 1228 gestorben sei, beweist Wolf mit dem „bonae memoriae" nicht, obwohl es wohl sein kann; es kann aber auch sein, später. Wie immer, im St. Peterskloster wurde er, wie Crousa Chebre behaupten möchte, da er ihn zum Träger der „Gleichensage" machen will, jedenfalls nicht begraben, weshalb schon aus diesem Grunde der Grabstein nicht ihm gelten kann — denn weder vor, noch im Jahr, noch nach dem Jahr 1228 führt das Sampetrinum den Lambert als gestorben und gar in der Klosterkirche begraben auf.

Betrachten wir die nächste Angabe Wolfs S. 151.

G. Er sagt: Lambrechts Gemahlin hiess Sophia, die 1247 starb, und verweist auf das „Sampetrinum ad hunc annum".

Man sehe im Sempetrinum zu diesem Jahr nach und wird sich überzeugen, dass da von einer Sophia nichts steht, sondern es steht da einfach

„hoc Anno mortuus est Comes Hermannus de Horlamünde." *)

Ist das Citat nicht auferbaulich?

---

*) Horlamünde statt Orlamünde. Ein Fingerzeig, wie es mit der Behauptung Wolfs beschaffen sei, da er den Gleichen die Gleichenburgen bei Göttingen abstritt. So gut man Orlamünde hier Horlamünde schrieb, so gut konnte man auch Glichen, Glychen meinen, wenn man Lychen, Lichen schrieb oder sagte. —

Es ist also für das Todesjahr der Sophia kein Beweis gegeben.

Aber auch kein Beweis überhaupts, dass Lambrechts Gemahlin Sophie hiess. Und noch weit weniger ist Beweis dafür da, dass, wenn Lambrecht eine Sophia gehabt, sie die Sophia war, welcher Wolf durch das Citat ihre Herkunft nachweisen will.

Er sagt weiter: Es scheint, dass sie eine Orlamünderin gewesen sei, weil ihre Söhne Ernst und Heinrich den Grafen Hermann von Orlamünde Avunculum, Onkel, nennen und citirt

Sagittarius S. 82 (Abs. 5) Urk. de Ao. 1246.
Sonderbar.

Wenn zwei Grafen den Hermann von Orlamünde ihren Oheim nennen, so scheint es im gegenwärtigen Fall, wo es sich um ihre Mutter handelt, nicht, dass diese Mutter eine Orlamünderin gewesen sei, sondern sie war es unbedingt.

Nun hat aber Wolf weder aus dem Leben, noch Tode bewiesen, dass die von ihm in Frage gezogene Sophia die Frau des Lambrecht (II.) war; damit auch nicht, dass die zwei genannten Grafen Ernst und Heinrich ihre und Lambrechts (II.) Söhne waren — — wohl aber bewiesen, dass ein „Oheimsverhältniss" des Hermann von Orlamünde zu gewissen Grafen aus dem „Gleichengeschlechte" stattgefunden habe, wobei eine Sophia in das Spiel kömmt!

Auf welche Sophia kann sich nun jene Urkunde (Sagitt. S. 82, Abs. 5) beziehen?

Antwort:

Auf die und keine andere Frau, welche Sagittarius, indem er von Ernst III. spricht, S. 52 als Gräfin von Orlamünde bezeichnet und, ohne ihren Vornamen anzugeben, die Gemahlin Ernst III. nennt. Die Sage nannte sie auch Sophia, wie sie dieselbe auch wechselnd eine Orlamünderin und Kefernburgerin nannte.

Verfasser dieser Zeilen dachte sich früher bei „unbedingter" Aufstellung einer Orlamünderin von Seite des Sagittarius auf S. 52 oben, er habe vielleicht ein wenig willkürlich zwischen Orlamünde und Kefernburg gewählt.

Nun denn, Wolf selbst, sein Gegner hat, wie ersichtlich, Veranlassung gegeben, die Sophia wirklich als eine Orlamünderin nachzuweisen und hat somit, ganz gegen seine Absicht, dem alten Streit über den Herkunftsnamen der ersten Frau des Ernst III. ein Ende gemacht.

Somit ist die **Sophia** als erste Frau des Ernst III. und als **Nichtfrau** Lamberts II. erledigt.

Dass aber die in obschwebender Urkunde genannten **Ernst** und **Heinrich** nicht die Söhne **Lambrechts II.** seien, ist noch viel klarer.

Es wurde schon früher betont, dass der wirkliche Sohn Lambrechts II. Heinrich (I. der Böse) schon 1234 in der **Acht** war und alle **Güter, Lehen** etc. verlor, dass keine Nachricht über eine **restitutio in integrum** da ist, ja dass er noch **1246** in allen Beziehungen **renitent** war. Was hat der Alleweltsanfeinder, den mit der fraglichen Advocatie über Hersfelder Güter in Verbindung zu bringen, gar keine Handhabe da ist, mit jenem Heinrich zu schaffen, der in besagter Urkunde ganz **unangestritten** als Heinricus de **Glichinstein** zur Seite seines Bruders **Ernst de Glichin** genannt wird? Dieser Heinrich ist also **nicht der Heinrich (I.)** des **Lambrecht II.**, und somit ist auch der mitgenannte Bruder **Ernst nicht** der Sohn **Lambrechts II.**

Sondern dieser **Heinrich** und **Ernst** waren die Söhne **Ernst III.**, welcher eine **Orlamünderin** zur Frau hatte (**Sophie**) und von deren Gesammtsöhnen **Zwei** den **Hermann von Orlamünde Oheim** hiessen.

Wären die **anderen drei Söhne** in Bezug auf die Urkunde nöthig gewesen, so hätten sie den Orlamünder **Hermann auch Oheim** genannt — diese anderen Drei heissen **Hermann, Albrecht** und **Lambrecht,** welche Wolf fälschlich auf S. 154 dem Lambrecht (II.) zuschrieb, und zwar, indem er sie mit jenen anderen Zweien **ohne Zahl** aufführt, und welche dem Ernst III. angehören, wie sie auf S. 57 Sagittarius ganz richtig und ohne Diatribe durch „**Zahlenauslassung**" aufführt. —

Repetatur:
{ **Ernst V.** (weil sein väterlicher Oheim, älter als sein Vater, einen Sohn hatte, der Ernst IV. im Geschlecht hiess).
Heinrich II. (aus gleichem Grunde II., weil fraglicher Oheim auch einen Heinrich hatte, den I.).

Albrecht II. (weil, wie einen Ernst und Heinrich, der Oheim, einen Sohn Albrecht hatte, der mit I. zu zählen ist).
Hermann I. (der Oheim hatte keinen Hermann, sonst hiesse dieser der I. und der des Ernst III. der II.).
Lambrecht III. (der Oheim hatte keinen Lambrecht, sonst hiesse der der III. und der des Ernst III. hiesse der IV.).

Wir fügen noch etwas bei, um die Geneigtheit Wolfs zu kennzeichnen, originell zu erscheinen, und den Sagittarius zurechtzuweisen.

H. Sagittarius sagt S. 64 von einem Enkel Ernst III., Hermann (III.):

„Er sei Mönch von Eytersburg, dann Domherr zu Magdeburg geworden, und es werde Seiner in einer Urkunde Graf Albrechts des Aelteren und Graf Heinrich des Jüngeren gedacht."

Nun sagt Wolf S. 158 unten sub * *:

„Wenn Sagittarius S. 64 schreibt, dass Hermann erst Mönch und dann Domherr im Kloster Eitersburg geworden und hierauf Domherr in Magdeburg gewesen sein soll, so irre er sich — denn er vermenge den Grafen Heinrich mit einem Anderen dieses Namens, der Vitzthum hiess, ein Mönch im Kloster Eitersburg war und mit seinen Brüdern Otto und Heinrich 1289 den 9. October vor dem Grafen Albrecht als dem Gerichtsherrn auf 3 Hufe Landes Verzicht that." — (Hier citirt Wolf den Sagittarius S. 75, wobei er offenbar die Abs. 2 deutsch ausgezogene Urkunde meint — wo von einem Otto und Heinrich die Rede ist und von ihrem Bruder Hermann, Mönch in Heitersberg — Namens dessen sie Verzicht leisten auf das, was ihr Vater Vitzthum mit Einwilligung seiner Töchter dem Kloster Ichtershausen übergab.) Dann fährt Wolf fort;
„Wie konnte der Graf Hermann 1288 Domherr und 1289 Mönch sein, da er doch nach dem Vorgeben des Sagittarius aus einem Mönch ein Domherr soll geworden sein?"

Hierauf ist die Antwort einfach diese:
Sagittarius sagt S. 64, 2. Abs., dass Graf Hermann erst Mönch in Eytersburg, hiernach Domherr in Magdeburg wurde und dass Seiner in einer Urkunde Graf Albrechts des Aelteren und Graf Heinrichs des Jüngeren Ao. 1288 gedacht werde.

Gut, das geshieht wirklich, aber es geschieht in einer Urkunde, welche Wolf nicht citirte, nämlich der Urkunde bei Sagittarius S. 74 unten folgend.

Hier findet man den Hermann als Canonicus Magdeburgensis.

Was hat denn nun der Magdeburger Domherr Hermann von Gleichen von 1288, welcher früher Eiterburger Mönch war, mit dem Hermann Vitzthum zu schaffen, der 1289 (S. Sagitt. S. 75, deutsche Urkunde) noch und wohl bis zu seinem Tod Eiterburger Mönch war und blieb?? Mit diesem Eitersburger Mönch, der ein Bürgerssohn von Erfurt war, für welchen seine Brüder entsagten??

Doch genug der Würdigung Wolfs, welcher den Sagittarius vernichten oder doch so fraglich hinstellen wollte, dass man künftig nur auf ihn (Wolf) achte und sich in Sagittarius nicht mehr viel umsehen möchte.

Uebrigens, wie im Vorwort gesagt, es handelt sich nicht allein um das Gleichengeschlecht in Bezugnahme auf Ernst III., sondern auf dasselbe im Allgemeinen; denn es können der historischen Gelehrtenwelt noch gar manche Gelegenheiten geboten werden, auf das Geschlecht zu kommen, und es wird mindest kein Verlust sein, wenn man mit gutem Gewissen den Sagittarius zu Rathe ziehen kann — was man bei Wolf nicht kann, vielmehr man bei Diesem auch in anderen, also genannten Beziehungen zu einiger Vorsicht verpflichtet sein würde. Ja Sagittarius mag in späteren Perioden, wie leicht anzugeben wäre, dort und da auch irren können; aber dass er sich in der behandelten Periode von Wolf verbessert oder widerlegt finde, ist sicher nicht anzunehmen, weshalb auch die folgenden Zeiträume resp. deren Behandlung an und für sich ein günstiges wissenschaftliches Präjudiz für sich haben.

Im Hinblick auf jene Arbeit aber, welche Verfasser dieser Zeilen über „Ernst III., die Doppelehe und das Denkmal zu Erfurt" sich vorzulegen erlaubte, und zu welcher vorstehende Quellenbetrachtung den, wenn auch nicht formellen, Genealogie rettenden

Prodromos bildet, sei, indem dort auf Ernst III. als Träger der „Gleichensage" allein reflectirt wird, nur noch Folgendes gesagt: Wenn Lambrecht II. gewiss nicht der Sagenträger ist — von bewusstem Graf Sigmund gar nicht zu sprechen — und Ernst III., der von der gesprochenen und chronikalen Mittheilung genannt wird, es auch nicht wäre, so bliebe nur ein Vorgänger oder ein Nachfolger des Letzteren, der den Namen „Ernst" auch führte — oder auch nicht.

Wäre es „vorgängig" etwa Lambrechts und Ernsts Grossvater **Ernst?**

Dies ist aus allen Gründen undenkbar.

Oder ihr Vater Erwin (IV.)?

Auch nicht, da die Sage sich mit zwei Kreuzzügen alternative behandelt. Beim 1227er wäre Erwin rein unmöglich des obligaten Uralters des Letzteren wegen; beim 1188er wäre Erwin auch schon viel zu alt gewesen, und es hat demnach gar nichts zu sagen, dass der Held in der Topographia Saxoniae Eberwein (etwa Erwin) genannt ist.

Es gab auch Leute, welche den Helden, statt Ernst, sogar Ludwig nannten, indem sie die bei den zwei Kreuzzügen vorkommenden zwei Landgrafen Ludwige in die Gleichengeschichte fraglicher Zeit vermischten, worüber kein Wort verloren werden will.

Von den „nachgängigen" Ernsts sollte es dann wohl gar Ernst IV. sein (er, der laut Sagittarius ein Sohn des Lambert II. war, von dem man nicht viel weiss und der wohl auch geistlich wurde)?? Rein unmöglich. Wurde er geistlich, war er nicht verehelicht, und blieb er weltlich, so weiss man betreffs Seiner nicht einmal von einer Frau, noch viel weniger von zweien — und noch dazu müsste erst erwiesen sein, dass er, woran **Wolf** so viel lag, wirklich alleiniger, spezifischer Besitzer von Gleichen gewesen sei — welcher neuen Untersuchung und des einschlägigen Gegenbeweises uns aber die Manen Johann Wolfs freundlichst entheben wollen.

Wir standen für **Ernst III.** ein. Welche andere Ansicht über den „Sagenhelden" — oder den „Veranlasser" der Sage künftig auch noch auftauche — möge der Leser die Treue nicht ganz verkennen, mit welcher versucht wurde, betreffs der Gleichengeschichte an sich, Verschiedenes aufzuklären, zu bereinigen und festzustellen.

Finis.